당신이 반짝이던 순간

당신이
반짝이던
순간

진심이 열리는 열두 번의 만남

이진순 지음

문학동네

일러두기
다음 다섯 컷을 제외한 본문 사진은 모두 한겨레 강재훈 사진기자가 찍은 것임을 밝혀둔다.
56쪽(ⓒ정용일), 144쪽(ⓒ고경태), 164쪽(ⓒ박종식), 248쪽(ⓒ윤석남), 314쪽(ⓒ신소영)

누구에게나 반짝이는 순간이 있다

"지금까지 만난 사람 가운데 누가 제일 훌륭하던가요?"

한겨레신문 토요판에 '이진순의 열림'을 연재하며 가장 많이 들은 질문이다. 2013년 6월에 시작해서 햇수로 6년째이니 그간 격주에 한 번씩 만난 분들이 지금까지 122명이다. 그 가운데 아무도 흠잡지 못할, 순수한 열망과 강건한 의지와 관대한 인덕을 갖춘 '베스트 오브 베스트'는 누구일지 사람들은 궁금한 모양이다. 내 대답은 단순하다.

"그렇게 훌륭한 인물은 세상에 없어요."

인터뷰를 위해 내가 만난 모든 이들이 내겐 감동이고 기쁨이고 희망이었지만, 그 누구도 사람들이 기대하는 것만큼 위대하거나 훌륭하지 않았다. 시련이 깊을수록 내상은 깊었고 외로움과 두려움 앞에서 갈등하고 자책하는 사람들이었다. '백마 타고 오는 초인' 같은 존재는 현실에 없다.

　애당초 '좌절을 딛고 입지전적 성공'을 이룬 인물을 찾으려 한 것도 아니었다. 누구나 그렇듯, 내가 인터뷰한 분들도 유약하고 비루하고 소심한 보통사람들이다. 그들의 삶이 독자에게 공명과 감동을 줬다면, 그건 그들이 불퇴전의 용기와 무오류의 인생역정을 보여주는 위인이어서가 아니라 좌절의 상흔과 일상의 너절함 속에서도 세상에 대한 낙관과 사람에 대한 희망의 끈을 놓지 않으려 했기 때문일 것이다.

　누구의 인생도 완벽하게 아름답지만은 않다. 그러나 누구에게나 한 방은 있다. 삶의 어느 길목에선가 자신의 가장 선량하고 아름다운 열망을 끄집어내 한순간 반짝 빛을 더하는 사람들이 있어 세상은 망하지 않고 굴러간다. 세상을 밝히는 건, 위대한 영웅들이 높이 치켜든 불멸의 횃불이 아니라 크리스마스트리의 점멸등처럼 잠깐씩 켜지고 꺼지기를 반복하는 평범한 사람들의 짧고 단속적인 반짝임이라고 난 믿는다. 좌절과 상처와 굴욕이 상존하는 일상 속에서 최선을 다해 자신만의 광채를 발화하는, 평범한 사람들의 비범한 순간을 담고 싶었다.

　이 책에 실린 글들은 혼자만의 성과물이 아니다. 책에 소개된 분들은 열두 분뿐이지만 그간 '이진순의 열림'을 통해 귀한 말씀을 소개하도록 인터뷰를 허락해주신 모든 분들이 내겐 큰 스승이다. 122명 한 분 한 분의 이름을 떠올리며 깊은 감사의 인사를 올린다. 신진 필자에게 신문 두 면이라는 파격적 지면을 장기간 허락해준 한겨레신문사에도 고개 숙여 고마움을 전한다. 기사 연재를 시작하게 해준 고경태 에디터를 비롯해 최우성 에디터, 안선희 에디터의 도움이 아니었더라면 이런 인터뷰는 꿈도 꾸지 못했을 것이다. 그간 섭외와 편집을 도와준 한겨레 윤형중, 박기용, 박현정, 김정필 기자, 그리고 '기침소리, 한숨 소리 하나 빠뜨리지 말고 적어달라'는 녹취 요청에 성실하게 응해준 김혜영, 김연지, 함규원, 박성희, 이돈섭, 김성희, 심지연, 이수현씨의 노고에 감사드린다. 지난 6년간 한 번도 빠지지 않고 취재에 동행해 사진기자 특유의 통찰력으로 인물에 색깔을 부여해주신 강재훈 선배께는 어떤 말로도 감사의 마음을 표현하기 어렵다.

미리 계획한 건 아니지만, 신문 연재를 마치기로 한 시점에 이 책이 나오게 돼서 내겐 더없이 큰 영광이다. 몇 년이 지나 시의성이 떨어지는 부분을 수정하고, 지면에 미처 싣지 못했던 이야기를 보태고, 필요에 따라 추가 인터뷰도 했다. 기획부터 인물선정, 원고수정과 편집과정 내내 언제나 큰 버팀목이 되어주신 문학동네 김소영 국장, 황은주 편집자에게 깊은 감사의 인사를 전한다.

눈코 뜰 새 없이 바쁜 와중에 인터뷰를 위해 자리 비우는 나를 원망하지 않고 언제나 열심히 응원해준 와글 동료들이 있었다. 그들 모두에게 고마운 마음이다. 언제나 내 원고의 첫번째 독자가 돼서 아낌없는 조언을 해준 남편 문선유, 원고와 씨름하는 엄마를 격려하며 어깨를 두드려준 딸 문가현에게 평소에 못 했던 감사 인사를 전한다. 밤샘하는 딸을 볼 때마다 걱정과 한숨을 토해내신 어머니 손종화 여사의 팔순 선물로 이 책을 드릴 수 있어 다행이다.

　다시 한번, 『당신이 반짝이던 순간』에 이야기를 싣도록 허락해주
신 열두 분의 인터뷰이에게 깊은 감사와 존경의 인사를 보낸다. 그분
들의 진솔한 이야기가 많은 이들에게 용기와 감동을 줄 것이라고 믿
는다. 이 구질구질한 세상, 지긋지긋한 인연들과 부딪히면서도 그 삶
을 긍정하고 사랑하며 살고자 하는 모든 이들, 어쩌면 비루하고 어쩌
면 위대한 모든 이들에게, 모쪼록 이 책이 작은 위안이 되길 바란다.

2018년 8월

그들이 반짝이던 순간을 기억하며

이진순

1부   마음이 이끄는 길을 따라

첫
번째 · 순
간

거길 왜 갔느냐고요?
세 아이의 아빠라서요

김혜연

왜 가는 걸 안 말렸느냐고요?
우리도 애 셋 키우는 부모니까요.
처음에 제가 남편을 말렸던 것도
애가 셋이니 위험한 일 하지 말라는 거였는데,
안타까운 부모 마음은 우리나 세월호 유가족이나 똑같은 거더라고요.
처음에 애들 때문에 말리다가 결국 애들 때문에 가라고 했어요.

저는 잠수사이기 이전에 국민입니다. 국민이기 때문에 달려간 거고, 제 직업이, 제가 가진 기술이 그 현장에서 일을 할 수 있는 상황이었기 때문에 간 것일 뿐이지 (제가) 애국자나 영웅은 아니에요…… 고위 공무원들한테 묻겠습니다. 저희는 그 당시 생각이 다 나요. 잊을 수 없고 뼈에 사무치는데 사회 지도층이신 고위 공무원께서는 왜 모르고 기억이 안 나는지…… (김관홍 잠수사의 증언, 4·16세월호참사 특별조사위원회 1차 청문회, 2015.12.16.)

살려달라고 창문을 두드리던 아이들을 품고 세월호가 뒤집어졌을 때, 우리 사회 부패와 무능의 치부도 적나라하게 바닥을 드러냈다. 배에 탄 304명 가운데 단 한 명도 살려내지 못한 '사상 최대의 구조 작전'은 '사상 최대의 사기극'으로 막을 내렸다. 그나마 시신이라도 수습할 수 있었던 건 온전히 민간잠수사들의 공이었다. 참사가 나고 7월 10일 정부의 일방적인 수색중단 통지를 받을 때까지 희생자 292명의 시신을 수습해올린 것은, 해경도, 해군도 아닌 단 25명의 민간잠수사들이었다.

"잠수사들이 일당 100만 원을 받고 시신 한 구당 500만 원의 인센티브를 받는다"라는 민경욱 청와대 대변인의 발언이 보도되었을 때에

거길 왜 갔느냐고요? 세 아이의 아빠라서요

도, 잠수사들은 산소를 공급하는 생명줄에 목숨을 매달고 수심 40미터 아래의 외로운 주검을 찾아 검은 바닷속으로 뛰어들었다. 인터넷도, 신문, 방송도 닿지 않는 바지선에서 컵라면으로 허기를 채우고 새우잠을 자면서 그들은 잠수의 기본 규칙도 밀쳐둔 채 하루 네댓 번씩 아이들을 찾아 심해로 내려갔다. 차가운 물속에서 공포에 질려 뒤엉킨 시신을 더듬어 품에 안아올리는 동안, 그들도 죽음과 삶의 경계를 넘나들었다.

그로부터 2년이 지났다. 2016년 6월 17일, '세월호의 의인'으로 불려온 김관홍 잠수사가 숨진 채 쓰러져 있는 걸 가족들이 발견했다. 경기도 고양시의 살림집을 겸한 화원에서 올망졸망한 초등학생 삼남매가 학교에 가려고 엄마와 집을 막 나서려던 참이었다. 아버지는 흔들어도 깨어나지 않았다. 서른여덟 살의 아내와 열한 살(라은), 아홉 살(다은), 일곱 살(효)짜리 세 자녀를 남겨놓은 채, 건강하고 우직했던 아버지는 심장쇼크로 세상을 떴다. 탁자 위에는 전날 밤 아버지가 아이들에게 주려고 사온 초콜릿 세 개가 남아 있었다. 아이들은 아버지의 죽음을 어떻게 이해할까? 장하고 자랑스러운 일을 한 아버지가 팽목항 앞바다에 다녀온 뒤 점점 폐인이 되어간 이유를, 이 뻔뻔하고 치졸한 세상에 대한 분노와 배신감을, 그래도 끝까지 가슴에서 내려놓지 않았던 사람에 대한 기대와 소망을, 그들은 이해할 수 있을까?

김관홍 잠수사의 부인 김혜연씨를 만나볼 용기를 낸 건, 김관홍을 모델로 한 김탁환의 소설 『거짓말이다』가 출간되고, 부인이 운영하는 꽃집의 상품권과 책을 한데 묶어 파는 패키지 상품이 출시되었단 소식을 듣고 나서였다. 누군가 블로그에 올린 글에, 부인이 운영하는 화원 '꽃바다'(fbada.com)의 명함이 들어 있었다. 남편이 세상을 떠난 뒤 한 번도 언론에 얼굴을 드러내지 않았던 유가족인데, 인터뷰를 청하는 게 무례는 아닐지 조심스러운 마음으로 연락을 띄웠다. 망설임 끝에 부인은 인터뷰를 허락했다. 남편을 대신해서 하고 싶은 말이 있는 듯했다. 새로 이사했다는 주소지로 찾아갔다. 서울시 은평구 갈현동의 아담한 빌라였다.

"이렇게 굵고 짧게 살고 싶다고 했어요. 이 화분은 자기 거라고, (화원할 때) 어디 팔지 말라고 했죠."

인삼 모양이지만 그보다 훨씬 굵고 튼실하게 생긴 뿌리가 흙을 뚫고 솟아올라 있었다. 남편이 특별히 좋아했다는 '와인쥐손이' 화분을 바라보며 김혜연이 말했다. 아이들 장난감으로 가득한 앞베란다 창틀에 작은 화분들이 오종종하게 진열되어 있었다. 남편이 애지중지했다는 '좀백자단'이며 '꿩의다리' 같은 낯선 야생화 이름이 적힌 화분들이 아이들 점프하며 뛰어노는 트램펄린 옆에 놓여 있었다.

인터뷰 허락해주셔서 감사합니다. 그간 언론 접촉을 피하신 걸로 아는데……
장례식 기사에 실린 사진에도 얼굴은 가리고 나오셨던데요.
지금 큰애가 사춘기거든요. 4학년 딸이요. 엄청 예민할 때라, 애들도 인터넷에 올라온 걸 다 보니까 조심스러웠어요. 지금은 많이 안정이 돼서 제가 인터뷰하는 거, 자기도 보고 싶다고 하더라고요.

아, 그래요?
꿈이 기자로 바뀌었대요. (웃음) 사회부 기자를 하고 싶대요.

안방에는 삼남매의 아기 때 사진이 나란히 걸려 있었다. 남편은 아이 욕심이 많았다. 두 살 터울로 셋을 낳고도 더 낳자고 해서 부인의 타박을 받기도 했다. 삼남매와 함께한 가족사진 속의 김관홍은 다부지고 옹골찬 체격이 그가 좋아하던 야생화 뿌리를 닮았다.

고양시에 사시는 줄 알았는데, 화원만 거기 있는 건가요?
이 집으로 이사 온 지 한 달쯤 됐어요. 전에 살던 집은 야생화 키우는 하우스 안에 살림집을 겸한 거였는데, 신랑이 거기서 안 좋은 일을 겪고 보니 계속 살기가 어려웠어요. 아이들이 안 봤으면 모르겠는데 아침에 아빠 쓰러진 걸 애들도 같이 봤고. 여자 혼자서 야생화 관리하는 것도 힘에 부치고요. 보안도 허술하고……

장례 치르고 이리 옮기신 거군요.
네. 화원 정리하고 지금은 인터넷으로 주문받는 일만 해요.

얘기를 나누는 중에도 그에게 화환을 주문하는 전화가 간간이 걸려

왔다. 어린 아이들을 두고 엄마 혼자 밖에 나가 일하기가 힘들어, 집에서 인터넷으로 화환이나 꽃바구니를 주문받고 중개하는 일을 하고 있다고 했다.

원래 화원은 부인이 하시던 건가요?
둘이 같이했죠. 시아버지가 야생화 농장을 하세요. 남편이 어려서부터 꽃 만지고 분재 만지는 걸 원체 좋아해서 일찌감치 '난蘭 자격증'도 따두었대요. 난 재배하는 전문가 자격증. 전 야생화에 대해서 하나도 몰랐어요. 하나부터 열까지 남편한테 배웠지요.

그럼 화원은 남편이 열자고 한 거예요?
막내 태어나고 나서 시아버지가 권하셨어요. 이젠 아이도 셋이나 되니 바다에 나가서 위험한 일 하지 않는 게 좋겠다고.

그래서 잠수사 그만두고 화원만 하려고 했나요?
그건 아니고요. 이이가 바다를 버리지는 못하죠. (웃음) 어차피 겨울에는 바닷일도 없으니까 쉬는 동안엔 자기가 좋아하는 꽃이나 분재를 키우자 생각했던 것 같아요.

부인은 바다에 대한 남편의 열망을 꺾을 수 없었다. 처음 그를 만난 것도 스쿠버다이빙 교실에서였다. 김혜연은 실내 강습을 겨우 마친

거길 왜 갔느냐고요? 세 아이의 아빠라서요

초급생이었고 남편은 이미 경력 10년 차의 전문가였다. 바다가 좋아서 같이 다니다가 정 많고 실속 안 차리는 그의 순수함에 마음이 끌렸다. 2005년, 만난 지 3년째 되는 날 둘은 결혼했다. 김혜연의 나이 스물여섯, 김관홍은 서른두 살이었다.

카드회사에 다니던 남편이 산업잠수사로 전업하겠다고 했을 때도 김혜연은 반대하지 않았다. 레저스포츠로 하는 잠수가 아니라 바닷속에서 용접이나 교각 작업을 하는 일이라 고되기는 할 테지만, 잠수 경력이 긴 사람답게 위험을 피하는 데 있어서도 베테랑이니 남편의 실력을 믿어볼 만하다고 생각했다. 남편은 10년간 산업잠수사 일을 하면서 잠수후유증으로 고생해본 적이 한 번도 없었다. 세월호 희생자 수습에 뛰어들기 전까지는 그랬다.

잠수사 경력이 꽤 오랜 편이죠?
한 20년 되죠. 산업잠수사를 한 것만도 10년이니까, 그전부터 다 합치면……

산업잠수사는 일반 잠수사하고 어떻게 다릅니까?
레저로 하시는 분들은 들어가서 물고기를 찍거나 눈으로 보는 거기 때문에 눈앞이 탁하고 안 보이는 곳은 들어가지 않죠. 아예 모르면 모를까, 물에 대한 공포를 알고 있는 분들은 얼마나 위험한지 알기 때문에 피하는 거예요. 산업잠수사는 물밑에서 용접 작업을 하기도 하고,

관을 깔거나 수중 교각의 코어 작업 같은 걸 해요. 훨씬 높은 숙련도
가 필요하죠.

그 정도 경력이면 한 달 수입이 얼마나 됩니까?

이게 들쑥날쑥해서 매달 똑같지가 않아요. 일당제로 하는데, 보통
은 하루 100만 원쯤 하고요. 하루 한 시간만 들어갔다 나와도 기본이
50(만 원)이에요. 큰 작업은 월 단위로 끊어서 계약을 맺는데, 그렇게
일하고 다시 몇 달 쉬면서 몸을 회복하는 기간을 갖지요.

세월호 구조 현장에선 민간잠수사들한테 어떻게 일당을 지급해줬어요?

일당 받기로 하고 간 게 아녜요. 처음부터 자원봉사로 간 거기 때문에
계약서를 쓰고 일당을 정하고 그런 건 없었대요. 아마 애아빠로서도
계약서 안 쓰고 일한 유일한 경우일 거예요. 그러다가 5월에 잠수사
(고 이광욱 잠수사) 사망 사고가 난 뒤부터 계약서를 쓰게 했다고 하더
라고요.

근데 '일당 100만 원'에 '시신 한 구당 얼마……' 이런 얘기가 왜 나온 거죠?

그게 청와대 대변인 쪽에서 먼저 나온 거고요. 남편이랑 민간잠수사
들이 있던 바지선 위에서는 인터넷이 잘 안 됐기 때문에 자기들은 그
런 얘기가 나오는지도 몰랐대요. 원래 시신을 돈 주고 그렇게 인양하
는 경우는 없거든요.

남편을 말리지 못한 이유

세월호 수색현장에는 어떻게 내려가게 되신 거죠?

그 무렵에 제주도였나, 큰 공사 계약을 앞두고 있었어요. 오랫동안 공들여온 장기 사업이었는데 액수도 클 뿐만 아니라 그 일을 하고 나면 그다음 일이 연결, 연결되기 때문에 굉장히 큰 사업이라고 했어요. 근데 그 계약을 며칠 앞두고……

거길 안 가고 세월호로 갔다고요?

계속 전화가 왔어요. 산업잠수사는 팀을 이뤄서 일을 해요. 하는 사람도 많지 않고, 한 다리 건너면 다 알 정도로 서로 연결되어 있죠. 먼저 내려가 있는 아는 잠수사들한테서 연락이 온 거예요. 저는 물론 가지 말라고 말렸죠. "거기 500명이 넘게 대기하고 있다는데 왜 꼭 당신이 가야 돼?" 하니까, "500명이 있어도 직접 들어갈 수 있는 사람은 열 명도 안 될걸" 하더라고요. 해경도 못 할 거라면서.

그래서 허락하셨어요?

며칠 동안 마음을 못 잡고, 뭘 해도 건성이었어요. 마음이 딴 데 가 있으니 일이 손에 안 잡히는 눈치였어요. 마침 4월이라 화원은 한창 바쁠 때인데, 마음이 벌써 떠버렸으니 여기 있으나 없으나 똑같겠다 싶어서 '그렇게 원하면 가도 좋다'고 했죠.

기뻐하시던가요?
그 말 떨어지자마자 당일날 바로 내려가던데요. (웃음)

큰 계약을 포기하고 생업을 접으면서까지 세월호로 달려간 이유가 대체 뭘까요?
애가 셋이잖아요.

네?
우리도 애 셋 키우는 부모니까요. 처음에 제가 남편을 말렸던 것도 애가 셋이니 위험한 일 하지 말라는 거였는데, 안타까운 부모 마음은 우리나 세월호 유가족이나 똑같은 거더라고요. 처음에 애들 때문에 말리다가 결국 애들 때문에 가라고 했어요.

어렵게 성사시킨 큰 일거리도 포기하고, 한창 바쁜 꽃집도 아내한테 맡겨두고, 김관홍은 맹골수도로 한걸음에 달려갔다. 2014년 4월 23일 그가 현장에 도착했을 때, 그의 예상대로, 작업 가능한 잠수 인력은 일고여덟 명에 불과했고 5월 10일이 넘어서야 25명이 겨우 채워졌다. 말로는 민·관·군 합동작전이었지만, "해경 잠수부는 선체에 진입할 능력도, 장비도 없는 상태라" 대부분의 시신을 수습하는 건 온전히 민간잠수사들의 몫이었다. 산소탱크를 메고 갈 만큼 통로가 확보되지 않아 불가피하게 '표면공급식'(바지선에서 수중의 잠수사에게 호스를 통해서 공기를 전달하는 방식) 잠수를 했다. 공기를 전달하는 생명줄이 꼬이거나 걸려도 안 되고, 바지선 위의 스태프와 호흡을 맞춰야 하는 정교한 작업이라 능숙한 산업잠수사에게도 위험천만한 일이었다.

5월 6일에 이광욱 잠수사가 사망하는 사고도 있어서 걱정 많이 하셨겠어요?

매일 전화를 했는데 처음에는 먹는 게 너무 힘들다고 했어요. 먹을 거라곤 컵라면 몇 개밖에 없다고, 보급품이라고 왔는데 여자 팬티가 왔다고 그러더라고요. 꼭 필요한 물건은 제가 택배로 부쳐주기도 했어요.

체력소모가 극심한 일을 하는데 식사도 제대로 못했단 말이에요?

해경들은 따로 밥해주는 데가 있는데, 민간잠수사들한텐 주지 않았대요. 4월 30일이 지나서야 정상적인 식사를 하게 되었다고 했어요. 나중에 얘기하는데 자기 쓰러져서 죽을 뻔한 거 아느냐고, 잠수 도중 호흡이 끊어져 병원에 실려가서 사흘간 입원도 했었다고 하더라고요. 퇴원하곤 바로 또 현장으로 복귀했지만.

민간잠수사들은 바지선에서 24시간 대기하며 한두 시간 눈을 붙이

고 하루에 네댓 번씩 교대로 잠수를 하거나 줄을 잡았다. 30분 일하
고 여섯 시간 쉬어야 한다는 안전규정을 모를 리 없는 베테랑 잠수사
들이었다. 김관홍은 "밑에 있는 아이들을 보고, 유가족들의 애통함을
생각하면, 이러면 안 되지 하면서도 들어갈 수밖에 없었다"(세월호참
사진상규명촉구각계선언국민대회 모두발언, 2015. 5. 30.)라고 당시 상황
을 전했다.

처음부터 못 가게 할걸, 후회하지 않으세요?
후회하죠. 왜 가라고 했을까…… 그만하고 돌아오라고도 해봤어요.
팀 짜서 같이 갔던 잠수사들도 며칠 못 견디고 돌아왔는데, 당신도 다
른 분들한테 맡기고 그냥 나오라고.

그러니 뭐라던가요?
자기 아니면 할 사람이 없다고 그러죠. (웃음) 다들 자기 마음 같을 거
라 믿은 거죠. 오히려 거기(세월호 수색현장) 있을 때보다 나와서 더 힘
들어했어요. 앞뒤가 바뀌고 약속을 안 지키는 사람들 보면서……

어떤 재난에도 국민을 부르지 마십시오

남편은 그해 7월 10일 정부가 일방적으로 수색 작업을 변경하기로

하고 현장 작업 종료를 문자 한 통으로 통지한 것에 격렬히 분노했다. 292명을 꺼낸 방식이 잘못되었다고 현장에서 철수하라고 하고 그뒤 3개월간 두 구밖에 인양하지 못하는 걸 보면서, 자원활동 하러 내려 간 민간잠수사들을 돈 벌러 온 언딘 소속 사설업체 잠수사라고 오도하는 걸 보면서, 해경의 무책임하고 무리한 지시로 이광욱 잠수사가 목숨을 잃었는데 그 법적인 책임을 민간잠수사 공우영씨에게 떠넘기고(1, 2, 3심 무죄 판결), 정작 책임져야 할 해경 관계자는 승진하는 걸 보면서, 사람에 대한 김관홍의 믿음, 세상에 대한 김관홍의 기대는 처참하게 무너졌다. 그는 해양경찰청장 명의로 우편배달된 감사장을 이빨로 뜯어 찢어버렸다.

> 저희는 돈을 벌러 간 게 아닙니다. 자발적으로 도우러 간 것이지. 양심적으로 간 게 죕니다. 두 번 다시 이런 일이 타인한테 벌어지지 않길 바랍니다. 어떤 재난에도 국민을 부르지 마십시오. 정부가 알아서 하셔야 합니다. (김관홍 증언, 국회 안전행정위원회 국정감사, 2015. 9. 15.)

세월호 현장에서 돌아온 뒤 그의 몸과 마음은 속절없이 허물어져갔다. 불면증으로 잠을 못 이루고, 못 마시는 술을 매일 밤 마셨다. 분노조절장애로 아이한테 매를 드는, 생전 안 하던 짓도 했다. 목과 허리에 디스크가 오고, 어깨 회전근개가 파열되고, 잠수사에게 가장 무서운 병이라는 골괴사증(뼈에 혈액 공급이 되지 않아 뼈조직이 죽어가는 잠수병의 일종) 진단도 받았다. 다시 잠수사로 돌아갈 수 없었던 그는 대리운전 기사가 되었고, 정부에서 약속한 치료비가 나오지 않아 집에는 빚이 쌓여갔다.

이 사람이 좀 심각하구나, 치료를 받아야겠다 생각한 건 언제부터인가요?
잠을 잘 못 잤어요. 불면증이 심해져서 무기력하게 아무것도 못 하고 그냥 온종일 멍하게 있는 거예요. 사람이 하루 이틀만 못 자도 힘든데 그게 너무 오래 지속되니까 피로도 쌓이고 짜증도 내고…… 골괴사가 오는지도 몰랐고 그렇게 몸이 안 좋은지도 몰랐어요.

남편은 눈만 감으면 세월호 아이들이 눈에 밟힌다고 했다. 잠수사들이 안전규정을 무시하면서까지 물속으로 뛰어들 수밖에 없었던 건, 배가 가라앉고 물이 들이치는 아수라장 속에서 아이들이 어떻게 죽어갔는지 그 끔찍한 비극의 현장을 목도한 유일한 사람들이었기 때문이다.

> 희생자들은 극심한 공포와 낮은 수온과 수압에 의해서 아주 고통스럽게 사망했습니다. 극도의 공포 속에서 한 구 한 구 얽혀서, 저희 손으로 한 구 한 구 달래가면서, 한 구 한 구 안아서 올릴 수밖에 없었습니다.(김관홍 증언, 앞의 국정감사, 2015. 9. 15.)

시신들은 어깨동무를 하고 부둥켜안고 있는 경우도 있고 손을 꼭 잡고 얽혀 있는 경우도 있었다. 좁은 통로와 장애물들을 통과해서 나오려면 그 어깨와 손을 억지로 떼어내야 했다.

"얘들아, 조금만 기다려줘. 한 명씩 데리고 나가야 하니까 갔다가 곧 돌아올게. 엄마아빠 보러 같이 가야지."

잠수사들은 아이들을 그렇게 달래가면서 한 구씩 인양했다. 머리부터 발끝까지 자기 몸에 최대한 밀착해서 꼭 끌어안고 나오는 방식으로…… 가족들 품으로 돌려보낸 292명의 희생자들은 모두 그렇게 인도되었다.

> 선내에서 발견한 실종자를 모시는 방법은 하나뿐이다. 두 팔로 꽉 끌어안은 채 모시고 나온다! (…) 산 사람끼리 껴안을 때보다 다섯 배 이상 힘을 줘야 해. (…) 끝까지 포옹을 풀어선 안 되는 건 기본이고, 이동중에 실종자의 몸이 장애물에 부딪쳐 긁히거나 찢긴다면 여러분은 평생 그 순간을 후회할거다. (김탁환, 『거짓말이다』, 북스피어, 2016, 33쪽.)

그렇게 인양했다는 건 알고 계셨어요?

몰랐어요. 저도 (김탁환 작가) 책을 읽기 전까진 '애들을 몸에 붙여 안고 나왔다'라는 걸 몰랐어요. 밖에서 있었던 얘길 제게 많이 하는 편인데, 제가 충격받을까봐 그랬는지 시신 수습한 과정에 대해선 일체 얘기하지 않았죠. 이따금씩 길에서 아디다스 줄무늬 추리닝 입은 아이들을 보면 깜짝깜짝 놀라곤 했어요. 거기 아이들 3분의 2가 저 추리 닝을 입어서 자긴 학교 체육복인 줄 알았다고 농담식으로 얘기했는 데…… 늘 수습하지 못한 아홉 명이 눈에 밟힌다고 했어요.

김관홍씨가 다른 데서 인터뷰하신 것 보니까, 그 일 이후로 '아내나 아이들을 포옹할 수 없었다'라고 하셨던데.

그것도 전혀 몰랐어요. 원래 아이들을 잘 안아주고 몸으로 놀아주는 사람이었어요. 애들이랑 사이사이 껴서 같이 잤는데, (세월호 이후로) 방에서 식구들이랑 안 자고 거실에서 따로 자더라고요. 나중에 생각해보니, 그게 정말 힘들어서 피했던 거예요.

부인한테도 말 못 하고 혼자서 많이 힘드셨겠군요.

세월호 사건이 끝맺어진다는 느낌이 들면 좀 나았을 텐데, 해결되는 것 없이 계속 연장되는 분위기였잖아요. "당신이 그렇게 힘을 써도 안 되는 일 같으니까 그만 빠져나와라, 그냥 우리 가족끼리만 살자." 그렇게 얘기했었어요. "당신 정도 능력이면 다 잊고 새로 시작할 수도 있는데 왜 거기에 계속 매달리느냐?"라고…… 속 편한 소리였죠. 후회돼요. 따뜻한 말 한마디 좀 건넬걸. 왜 그렇게 못 벗어나느냐고 자꾸 그런 말만 했으니까.

나, 김관홍이야. 한 번도 망가진 적 없는 김관홍이야. 누구한테 해코지한 적 없고 나, 열심히 사람들 사랑하고 살았어. (오열) 내 조상들한테도 떳떳하고 싶고. 그게 김관홍 나라고! 그런데 그게 안 되니까 내가 열이 받는 거고 미쳐버리겠는데…… 내 모습 자체가 이게 뭐냐고? (생전 인터뷰, 고 김관홍 추모영상 중에서)

김관홍님 추모영상 제목이 '나 김관홍이야'였죠. 오열하시던 모습이 안 잊혀요.

"나 김관홍이야"라는 소리를 자주 했어요. 자기 이름을 걸 만큼 자기는 깨끗하고 참되게 살고 있다고 애들한테도 항상 그랬거든요. 나쁜 짓 안 하고. 남한테 해코지 안 한다고. 이름을 내걸 수 있는 사람은 그런 사람이라고.

김관홍씨 같은 분은 세월호 학생도 유가족도 아니고, 세 아이 아빠로 생업에 종사하는 평범한 시민이었잖아요. 그저 인정 많은 성격에 자원봉사자로 현장에 합류했다가 이렇게 큰 상처를 받으셨어요. 부인 입장에서 제일 용서하기 힘든 점은 뭔가요?

저도, 남편이 세월호 현장 갔다 와서 생업으로 복귀하면 되는 줄 알았어요. 돈 받고 간 일이 아니니까요. 이렇게 몸이 다 망가졌으면 정부에서 치료라도 해주고 생업으로 돌아갈 수 있도록 도와주면 되는 건데 그걸 못 해준다는 게 참…… 돈을 원하는 것도 아니고 그냥 치료만 받으면 우리가 알아서 다시 생업에 돌아갈 거였는데요. 그렇게 해

주기로 약속하고 수습 작업을 했는데 약속을 안 지켰으니까 그게 가
장……

2016년 6월 17일 김관홍 잠수사가 세상을 뜬 뒤, 7월 1일자로 세월
호참사 특별조사위원회는 강제 종료되었다. 잠수후유증과 트라우마
로 잠수사 자원봉사자 대부분은 생업에 정상적으로 복귀하지 못했지
만, 그들의 피해는 기록되지 않았다. 세월호참사는 2014년 4월 16일
하루에 국한되지 않는다. 2차, 3차 가해로 참사는 이어졌고 피해자들
의 가슴엔 피멍이 가득하다. 이것은 사고가 아니라 국민에 대한 국가
의 폭력이고 배신이다.

엄마는 의인이 되는 게 좋아?

남편이 세상 뜬 지 석 달이 넘었어요. 남편이 없다는 걸 실감하시나요?
아니요. 아직도 실감이 안 나요. 신랑이 바다로 가면 서너 달 떨어져
있다가 한 달에 한두 번 왔다 가고, 그렇게 10년을 살았거든요. 그래
서 지금도 어디 장비 메고 나간 것만 같아요. 며칠 전까지도 남편 핸
드폰을 갖고 있었거든요. 그이 핸드폰에 저장된 번호를 정리하다가
문득 그 생각이 들더라고요. 아, 이젠 이리 전화할 사람이 없겠구나.

큰딸이 아빠 핸드폰을 갖고 싶다고 해서, 번호만 바꿔서 물려주었다.
부인은 아직 자신의 핸드폰에 있는 남편의 전화번호를 지우지 못했다.

아빠의 죽음에 대해서 아이들한텐 뭐라고 하셨어요?
있는 그대로 얘기해줬어요. 언론에서는 자살이다 뭐다 얘기를 많이
하지만, 그건 아니고요. 워낙 오랫동안 도통 잠을 이루지 못해서 심장
기능이 무척 약해진 상태였어요. 원래 술을 잘 못하는 체질인데 괴로
우니까 술 먹고 잠을 청하고, 안 되면 수면제도 먹고 했기 때문에 조
그만 충격에도 심장이 버티질 못했던 거죠. 그날 밤도 4·16연대 사람
들 만나고 와서 곧바로 잠들지 못하고 술을 많이 마셨나봐요. 그래도
잠을 못 자니까 수면제도 두 알 먹은 거죠. 한 알로 안 돼서 양을 늘렸
거든요. 약물중독은 아니고 경찰 부검 결과도 심장이 안 좋아 생긴 쇼
크사래요.

**김탁환 작가가 김관홍 잠수사를 모델로 한 소설 『거짓말이다』를 내놓으면서
이례적으로 긴 작가의 말을 썼는데, 그 이유가 "고인의 자녀들이 이다음에
커서 아버지가 얼마나 멋진 의인이었는지 알게 하고 싶었다"라고 밝혔어요.
아이들은 아버지가 어떤 일을 하셨는지 알고 있나요?**
대략은…… 더 자세히는 아직 얘기하지 않았어요.

애들이 자라서 그 책을 읽고 전모를 알고 나서, "아빠가 그렇게까지 하실 만

한 가치 있는 일이었을까?"라고 묻는다면, 뭐라고 대답하시겠어요?

며칠 전에 불이 난 원룸에서 사람들 다 깨우고 미처 피하지 못해서 희생된 학생 있었잖아요. 뉴스에서 그분 어머니 인터뷰하는 거 보면서 저희 딸이 묻더라고요. "엄마는 저게 좋아?" 하고요.

엄마는 저게 좋으냐······?

아빠도 의인이라고 그러던데, 그게 좋으냐고요. 자기는 의인이 되기보다는 가족들이랑 함께 오래 사는 게 더 좋은 것 같다고요.

(한숨) 그래서 뭐라 하셨어요?

그건 아빠의 선택이고 우리가 할 수 있는 건 아니기 때문에 네가 아빠의 마음을 이해해줬으면 좋겠다고, 그렇게 얘기했어요. 누군가 그렇게 함으로써 많은 사람들이 행복해질 수 있으면 그것도 괜찮은 일이라고, 아빠가 한 일로 292명의 가족들이 그나마 위안을 얻었으니······ 아빠가 좋은 일을 한 거라고 말했어요.

끝으로, 제게 당부하고 싶은 말씀 있으세요?

너무 포장해서 나가지 않았으면 좋겠어요. 그냥 있는 그대로, 단순무식하지만 정이 많았던 사람이라고······ 그리고 애아빠 가까운 지인들 가운데도, 시체 수습하면서 돈 많이 벌었을 거라고 농담처럼 얘기 던지는 분들이 있고 그랬는데. 진짜 그런 거 아니라고 순수한 마음에 간 거라고 꼭 밝혀주세요.

네. 그대로 쓰겠습니다. 애들은 어리고 부인은 아직 젊으신데……

울컥하는 마음에 가슴속 말이 뛰쳐나왔지만, 그 뒷말을 어떻게 이어가야 할지 도무지 떠오르지 않았다. 삼십대 아직 너무나 젊은 나이, 김혜연은 이제 어린 삼남매를 데리고 맹골수도 해역보다 혼탁하고 거친 세상의 소용돌이를 헤쳐나가야 할 것이다. 그 짐을 나눠지지도 못하면서 어쭙잖은 위로나 동정이란 얼마나 가소로운가. 한동안 이어갈 말을 찾지 못해 머뭇거리다 인사랍시고 겨우 찾아낸 말이 해놓고도 한심했다.

앞으론…… 좋은 일이 많았으면 좋겠어요.
좋은 일이 많아질까요? 세상이 이런데…… 우리 애들은 좀 살 만한 세상이면 좋겠어요.

인터뷰가 나가고 한 달 뒤, 촛불집회가 시작되었고 세월호참사가 벌어진 일곱 시간 동안 대통령의 직무를 유기한 혐의로 박근혜 전 대통령은 징역 24년을 선고받았다. 진도군 백동리 '세월호 기억의 숲'엔 김관홍 잠수사의 동상이 세워졌고 대한민국 국회는 2017년 자랑스러운 한국인으로 그를 선정했다. 그것으로 끝인가? 김관홍이 세상에 던진 외침은 여전히 메아리처럼 허공을 맴돈다. 자라나는 그의 세 아이들 앞에서 우린 어떤 응답을 내놓아야 할까.

왜 사람들은 할말을 안 하나? 언론은 왜 안 하나? 우리는 물속에서 막일하는 사람들이야. 우리보다 많이 배우고 권력을 갖고 있는 사람들이 왜 저것밖에 안될까. 진짜로 할 얘기를 하는 사람이 없네…… 내 지인들은 이런 얘기하지 말래. 잊으래. 잊을 수 있으면 내가 잊었지. 지울 수 있으면 지우고…… 난 정부를 비판하거나 싸우려는 게 아냐. 그저 몸부림일 뿐이야. 이거 아니야 얘기하고 싶어서. 그럼 들어줘야지. 그게 민주주의잖아. (김관홍 노컷뉴스 인터뷰 중에서, 2015. 12. 20.)

세월호 희생자 292명의 시신을 수습한 민간잠
수사들 중 한 사람이었던 김관홍 잠수사는 정
신적 트라우마와 신체적 후유증에 시달리다
2016년 6월 17일 심장마비로 세상을 떴다. 아
이들은 아버지의 죽음을 어떻게 기억할까? 장
하고 자랑스러운 일을 한 아버지가 팽목항 앞
바다에 다녀온 뒤 점점 폐인이 되어간 이유를,
이 뻔뻔하고 치졸한 세상에 대한 분노와 배신
감을, 그래도 끝까지 가슴에서 내려놓지 않았
던 사람에 대한 기대와 소망을, 훗날 아이들은
이해할 수 있을까?

두 번째 · 순간

기대도 희망도 없지만,
원칙 버리진 않겠다

이국종

나는 외상외과 의사였다.
그들을 살리는 것이 나의 업이었다.
그럼에도 그들은 자꾸 내 눈앞에서 죽어나갔다.
싸우면 싸울수록 내가 선 전장이
홀로 싸울 수 없는 곳임을 확인할 뿐이었다.
필요한 것은 '시스템'이었다.
그러나 누구도 그것이 무엇인지 알지 못했고,
알려 하지 않아서 알 수 없었다.

나는 그를 '국내 외상외과 최고 전문가' '아덴만의 영웅'이라 부르지 않으려 한다. 소말리아 해적에게 납치된 석해균 선장을 현지까지 날아가 극적으로 살려내고 드라마 〈골든타임〉 〈낭만닥터 김사부〉의 실제 모델로 알려진 그를, 신문과 방송에선 카리스마 넘치는 국민영웅, 천재적인 외과의사라고 극찬하지만, 청중들의 상찬과 갈채는 짧고 그를 무릎 꿇리려는 현실의 거대한 벽은 완강하고 압도적이다. 그에게 쏟아지는 '최고' '유일' '영웅'이라는 찬사는 그를 질시하는 이들에 의해 종종 독 묻은 비수가 되어 되돌아오고, 그가 힘겹게 이뤄낸 제도의 성과는 잇속을 차리려는 이들의 잔칫상에 공출된다. 이국종은 '홀로 우뚝 선 영웅'이 되기를 결코 바란 적이 없었으나, 세상은 그를 고립된 링 안에 던져넣고 슈퍼맨 같은 투혼을 발휘하길 기대하고 응원한다. 잔인한 짓이다.

2017년 9월, 두 차례에 걸쳐 수원 아주대병원의 경기남부권역중증외상센터에서 그를 만났다. 그와의 인터뷰는 야간 당직을 서는 그가 위급한 외상환자를 수술하거나 중환자를 돌보는 사이사이, 잠시 짬나는 시간에 이뤄졌다. 첫날은 새벽 4시, 둘째 날은 새벽 5시까지 그의 곁에 머무르며 나눈 이야기가 25개 녹음파일로 동강동강 저장되

기대도 희망도 없지만, 원칙 버리진 않겠다

었다. 환자에게 달려갔다 올 때마다 그는 힘겨운 전투를 치르고 터덜터덜 막사로 돌아오는 병사처럼 지쳐갔다. '바늘로 찔러도 피 한 방울 날 것 같지 않은 카리스마'의 갑옷을 벗었을 때, 이국종의 맨얼굴은 폭풍우에 휘달리는 섬세한 꽃잎처럼 위태로워 보였다. 주말도 휴일도 없이 36시간 연속으로 밤새워 일하고 잠시 눈을 붙인 뒤 다시 36시간 연속으로 일하는 생활이 수년째 이어지고 있다. 그가 틈틈이 메모해온 비망록엔 숱한 회의와 좌절의 기록이 담겨 있다.

> 내 앞에 놓인 싸움이 아득한 것임을 생각했다. 아무도 알아주지 않는 전장에서 적은 병력과 남루한 병기로 나아가고 물러서기를 반복해야만 한다. 그래야 손가락 마디 하나만큼이라도 나아갈 수 있다. 그사이 생은 수없이 죽어갈 것이고 조촐한 병력은 쇠할 것이다. 기다림은 길고 지난할 것이나 그것을 묵묵히 버텨낼 자신은 내게 없었다. (이국종, 미간행 비망록 중에서)

그와의 인터뷰를 위해 미리 준비해온 질문 따위는 밀쳐두기로 했다. 내가 그에게 궁금한 것을 묻기보다, 그가 오랫동안 누군가에게 하고 싶었던 얘기에 귀기울이기로 했다. 그를 절망케 한 것들, 그가 애타게 호소해온 것들, 당장 때려치우고 싶은 마음과 차마 그럴 수 없는 마음 사이의 갈등, 헌신적이고 강직한 동료들에 대한 고마움과 죄책감에 대해서 그는 가슴속 긴 이야기를 쏟아냈다. 이 인터뷰는 '아덴만의 영웅' 이국종이 아니라, 요지부동의 철벽에 피 흘리며 기어오르는 자연인 이국종의 이야기다.

그와의 첫 대면은 옥상으로 가는 엘리베이터 앞에서 이뤄졌다. 약속
대로라면 나는 그를 저녁 7시 병원 구내식당에서 만났어야 했다.
"정말 죄송합니다. 지금 막 환자가 도착할 거예요. 옥상 헬기장으로
가는 길입니다."
그는 수술복 위에 형광색 점퍼를 걸치고 있었다. 3~4분 뒤, 소방헬
기가 밤하늘을 가르며 중증외상센터 옥상으로 다가왔다. 대기중이던
의료팀이 이동식 침상을 끌고 바람을 맞으며 헬기 앞으로 달려나갔
다. 환자를 신속하게 침상으로 옮기는 동안 현장에 급파되었던 의사
와 간호사가 환자의 상태를 보고했다.
"퓨플(pupil·동공)이 열렸어요. 기관 삽관했고요, 새츄레이션(satura-
tion·산소포화도) 60입니다."
엘리베이터 안에서 이국종이 환자를 살피며 물었다.
"젊은 친군가?"
"신원은 모르겠고요. 오토바이 티에이(TA·교통사고)입니다. 경찰이
현장에서 지갑이랑 핸드폰 가져갔으니 가족한테 연락하겠죠."
환자는 곧장 1층의 트라우마 베이(외상소생실)로 옮겨졌다. 중증외상
환자의 진단과 검사, 수술을 한곳에서 할 수 있도록 설계된 장소다.
환자가 도착하자마자 벽면에 붙은 타임워치가 시간을 재기 시작하고,
의료진 예닐곱 명이 달라붙어 제각기 일사불란하게 움직였다. 이국종

기대도 희망도 없지만, 원칙 버리진 않겠다

이 초음파를 찍는 사이, 다른 스태프는 주렁주렁 수액을 연결하고, 혈액을 채취하고, 엑스레이를 찍었다. 이름을 알 수 없어 차트에 '무명남無名男'이라 적힌 환자가 중환자실로 실려나갈 때까지 걸린 시간은 23분 27초. 사고현장에서 이송되는 데 걸린 시간 7~8분을 합쳐도 30분여 만에 처치가 끝난 셈이다. 교통사고나 추락사고, 자상과 같은 중증환자들에게 사고 후 한 시간은 생사를 가르는 골든아워다. 저녁 8시가 다 돼서야 그와 조금 늦은 저녁을 먹을 수 있었다.

헬기로 환자 이송하는 걸 직접 보는 건 처음이에요. 이름도 모르는 이를 살리려고 이렇게 애쓰는 분들이 있구나 생각하니 왠지 울컥했어요.
선생님, 말씀중에 죄송한데요. 저한테 잘못 오신 것 같아요.

그가 내 눈을 정면으로 응시하며 숟가락을 내려놓았다. 당황스러웠다.

왜요? 기를 쓰고 살려내려는 분들을 보니 생명에 대해서 경외감도 들고······
굉장히 아름다운 생각이지만, 생명을 살리네 어쩌네 하는 생각을 하고 있으면 오히려 이 일을 하루도 못 하죠. '내가 이렇게 위대한 일을 하는데 세상이 나한테 왜 이러지?' 그런 생각이 들 거 아녜요? 의사가 헬기 동승하는 거, 의료보험 수가 10원도 안 잡혀요. 저희는 성과급도 거의 없어요. 의료보험 적자 난다고 월급이 깎이기도 하고요. 전 그냥 일이라 생각하고 하는 거예요. 선생님은 저를 잘 모르시는군요.

제가 뭘 모르는데요?

제가 이 정도인 걸 모르시고, 너무 좋게만 생각하시는 것 같아요. 저 이거밖에 안 되는 사람이에요. 밖에서도 쓰레기, 안에서도 쓰레기. 다들 절 싫어해요.

왜 싫어해요?

시끄럽다고. 이국종만 없으면 '에브리바디 해피'한데 자꾸 시끄럽게 한다고요.

밥을 어떻게 먹었는지 모르겠다. 그의 말엔 냉소와 자괴감, 분노와 절망감이 뒤얽혀 들끓고 있어서 진의를 파악하기 어려웠다. 그나마 다행인 건, 그가 나한테 돌아가란 소리는 하지 않았다는 점이다. 내가 그와 그의 동료들을 '위대한 휴머니스트'로 단순화할까봐 극도의 경계심과 불신감으로 신경을 곤두세우고 있는 듯했다.

죽음에도 계급이 있다

아주대병원의 경기남부권역중증외상센터는 2016년 6월 지상 5층, 지하 2층의 독립된 병동으로 공식 개소했다. 중증외상환자의 진단과 검사, 수술에서 입원까지 한곳에서 이루어질 수 있는 시설로 8개의

기대도 희망도 없지만, 원칙 버리진 않겠다

트라우마 베이와 중환자실 40병상, 일반병실과 각종 검사실 등을 갖추고 있다. '중증외상'이란 다발성외상을 가리킨다. 큰 물체에 부딪히고 깔리거나 추락해서, 사지와 뼈, 장기에 복합적으로 손상이 오고 출혈이 심한 환자들은 신속하고 정확하게 조치해야 살릴 수 있다. 우리나라 외상환자는 전체 응급실 내원환자의 20~35퍼센트를 차지하지만, 이들 중 35퍼센트 이상은 이송 과정의 문제, 응급치료의 미흡함 때문에 살릴 수 있는데도 죽음을 맞이한다.

대형 병원은 병상회전율을 높이기 위해서 수술 시점을 잘 조절할 수 있는 일반질환 환자들을 선호하고, 암센터나 뇌심혈관계 클리닉처럼 돈이 되는 질환에 집중한다. 중증외상환자들은 응급실을 찾아 헤매다 길에서 죽고, 수술방이 없어 죽고, 집도의가 없어 변변히 손도 못 써보고 죽는다. 그들 대부분은 전화 한 통으로 의사를 불러낼 '빽'도 연줄도 없는 서민들이다. 2010년에 『한겨레21』 김기태 기자가 일주일간 이국종 팀과 동숙하며 조사한 바에 따르면, 중증외상환자 대다수는 음식점 배달원, 마트 판매원, 일용직노동자, 생산직노동자, 영세자영업자, 무직자와 같은 기층민들이었다.

해외에도 중증외상환자 가운데 육체노동자가 많습니까?

모든 나라가 다 그래요. 물론 사무직도 다칠 수 있지만 출퇴근하다가 다친다든가 하는 거지, 어디서 떨어지거나 뭐가 무너져서 다치진 않잖아요. 선진국에서 외상센터를 세우는 건, 국가 경제를 바닥에서 떠받치고 있는 근간이 이런 블루칼라들이기 때문이에요. 군인들 위해서 통합병원 만들고 경찰 위해서 경찰병원 짓는 것처럼, 사회 기간산업 요원으로서 그 사람들이 열심히 일하다 다치면 치료를 잘 받게 해줘야 위험한 산업현장으로 들어가라 할 수 있을 거 아녜요.

최소한의 사회안전망이 되겠군요.
그 사람들을 살리는 건, 국가의 생산성 측면에서도 중요한 일이죠. 외상은 사십대 이하 젊은이 사망원인 1위입니다. 아까 들어온 오토바이 환자도 그렇잖아요. 에어백 6개 달린 고급차 타고 다니면 그렇게 깨졌겠어요? 오토바이 택배일 하는 청년일 가능성이 높은데, 그런 젊은 친구가 죽지 않고 살아나면 평생 일을 할 것 아녜요? 세금도 꼬박꼬박 내고. 전에 택배 알바 하다가 오토바이 사고 나서 결국 다리를 끊어낸 친구가 있었는데, 장애가 있어도 큰 기업에 취직했다고 고맙다고 찾아왔더라고요. 젊은 친구들은 살려내기만 하면 어떻게든 다시 일하려는 의지와 체력이 있어서 국가의 생산성을 높이는 데 기여한다고요.

'예방가능 사망률'이라는 게, '신속하고 적절하게 치료하면 살릴 수 있는데 그러지 못해 사망에 이르게 한 비율'을 뜻하는 거죠? 2008년도에 이화여대 정구영 교수가 조사한 수치가 35.2퍼센트였어요. 사망자 셋 중 하나는 살릴 수 있었단 얘기죠.
실제론 그것보다 훨씬 많을 거라고 해요.

기대도 희망도 없지만, 원칙 버리진 않겠다

그래서 정부가 2015년까지 20퍼센트로 감소시키겠다고 했는데요. 최근 통계가 나온 게 있나요?

정확한 기준이나 데이터 자체가 없어요.

그럼 20퍼센트대로 줄이니 어쩌니 하는 건……

쉽지 않죠. 제가 2007~2008년 영국 로열런던병원 외상센터에 있을 때의 차트를 보여드릴까요? 환자 하나가 죽으면 '사망환자 리뷰mortality case review'라는 걸 작성해요. (차트 가리키며) 여기 보세요. 헬기 출동 요청한 게 8시 40분, 현장 도착이 9시 5분. 그러곤 환자 상태가 어땠고 무슨 검사와 처치를 했는지 빠짐없이 적어요. 그걸 바탕으로 최종적으로, 죽음을 막을 수 있었는지 없었는지preventable, non-preventable 4단계로 나눠서 평가를 하죠.

이국종은 내게 관련 논문을 찾아서 출력해주고, 그가 노트북에 저장해둔 도표나 그림을 가리키며 상세한 설명을 덧붙였다. 그의 태도는 식사할 때와는 사뭇 달랐다. 내가 그의 '전설적 에피소드'나 미담에만 관심을 두는 게 아니라는 점이 그를 적이 안심시킨 듯했다.

우리나라도 저런 식으로 사망자 리뷰를 작성하나요? 막을 수 있는 죽음인지 아닌지?

못 적죠. 차트에 남기면 큰일난다고 생각하죠.

그럼 예방가능 사망률 통계를 낼 수 있는 1차 데이터가 없겠군요.

데이터도 없고, '엇 뜨거라!' 싶어 서로 건드리지도 않아요. 몇 개 병원 이 파일럿 스터디 수준으로 한 게 전부예요.

'이국종법'이 생겨도 변하지 않는 것들

이국종이 외상외과에 본격적으로 발을 디딘 건 아주대 의대에서 박사 학위를 딴 이듬해인 2003년 미국 캘리포니아대 샌디에이고 메디컬센 터에서 연수를 시작하면서부터였다. 스승인 데이비드 호이트 교수(전 미국 외과학회장)는 입버릇처럼 '템포tempo'를 강조했다. 의사들이 병원 옥상에서 헬기를 타고 직접 출동하는 '병원전단계'에서부터 '응급처 치'와 '수술' '중환자실'과 '재활치료'의 5단계가 유기적으로 연결되고 일정한 템포로 지체 없이 이어질 때 환자는 산다. 2007~2008년 로열 런던병원 외상센터에서 일한 것도 그에겐 큰 자산이 되었다. 의사들 은 병원 옥상에 상주하는 헬기를 타고 하루 4~5차례씩 사고 현장에 직접 출동하고, 악천후에도 목숨을 걸고 환자에게 달려갔다.

이국종이 꿈꿨던 건, 한국에도 이런 세계 수준에 맞는 외상외과 시스 템을 만드는 일이었다. 중증외상센터를 설립해서 골든아워 안에 환자 를 이송하고 수술해서 살려내는 일. 그러나 현실은 녹록지 않았다. 그 는 병원에 적자만 안기는 '골칫덩이'였다. 중증외상환자에 대한 보험

기대도 희망도 없지만, 원칙 버리진 않겠다

수가는 터무니없이 낮아서, 죽어가는 환자를 많이 살려낼수록 적자는 늘어났다. 2009년 8억 원이 넘던 외상외과의 적자가 2012년에는 20억 원까지 치솟았다. 그가 석해균 선장을 구해낸 이후 환자가 더 늘었기 때문이다. 주변에선 그를 노골적으로 견제하거나 해임하려는 시도가 끝없이 이어졌다. 그의 이름을 딴 이국종법이 2012년 제정되고 전국 권역별 외상센터에 정부 지원을 한다는 방침이 정해지자, '이국종이 쇼맨십을 앞세워 언론플레이를 한다'라는 비난까지 들끓었다.

'이국종법'으로 전국에 권역외상센터가 만들어졌으면, 그 권역에서 일어나는 어떠한 중증외상환자도 곧바로 센터로 이송되고 치료받을 수 있어야 하는 거 아닌가요? 그런데 2016년에도 교통사고를 당한 두 살짜리 아기가 치료할 곳을 찾지 못해 여섯 시간을 허비하다가 죽는 사건이 발생했어요. 어떻게 이런 일이 생기는지 상식적으로 납득이 안 됩니다.

갈 길이 멀죠. (한숨) 정부에서 재정 지원한다니까 전국의 병원에서 당장 자기네 지역에 외상센터 안 지어주면 수많은 환자가 피 흘리고 죽어갈 거라고 사업계획서 거창하게 만들어 올렸단 말이에요. 그런데 막상 권역외상센터 지정되고 지원금 받으면서부터는 환자가 없다고 배 째라 해요. 하루 한 명이 오든 100명이 오든 지원금 받는 건 똑같으니까.

환자는 갈 곳이 없고, 외상센터엔 환자가 없다. 어떻게 이런 일이 생기죠?

이국종

제대로 하는 모범 케이스를 한두 개 만들고 점차 그걸 세포분열하듯 늘려가야 되는데, 외상외과의 기초도 모르는 사람들로 외상센터를 구성하니까 배가 산으로 가버렸어요. 정부는 일을 왜 그런 식으로 하는지 모르겠어요. 와장창 뽑아서 쫙 갈라 아쉬움 없이 뿌려줘야 뒷말이 없다는 생각인 것 같아요.

자격과 실적이 부족하면 권역외상센터 지정을 취소해야 하는 거 아닙니까?
기준 요건을 충족하지 못하면 지정 취소하고 지원금 환수하도록, 법에는 나와 있어. 근데 그걸 누가 하겠느냐고요? 관료주의에 요령주의가 겹겹이 얽혀 있는데…… 외상센터 병상이 일반 환자 진료에 전용轉用되어선 안 된다고 버젓이 법으로 정해져 있는데도, 환자가 없으니 외상센터 의사들을 다른 업무에 투입하겠다고 난리들이에요. 근데 나라에서 월급을 안 받으면 모를까, 세금으로 억대 연봉을 지원받고 있으면 소방차든 헬기든 타고 사고 현장을 찾아다니면서라도 환자를 데려다 치료해야죠. 우리처럼 소방헬기 요청해서 의료진이 올라타 직접 다니는 센터는 극히 드물어요.

소방헬기 말고 따로 환자용 의료헬기도 도입했잖아요?
전국에 여섯 대 있죠. 보건복지부가 한 대당 1년에 30억 원씩 리스 비용 대주고 의사들 한번 탈 때마다 수당도 많이 줘요. 근데 야간엔 위험하다고 비행 안 하죠.

기대도 희망도 없지만, 원칙 버리진 않겠다

아까 오토바이 환자는 야간인데 이송되어왔잖아요.

진짜로 위험해서 못 뜨는 건지 어떤지 누구도 따져보려 하지 않아요. 아주대병원엔 닥터헬기가 배정이 안 돼서, 우린 소방헬기 타고 환자한테 달려가요. 소방헬기 타는 건 수당도 한푼 없는데.

수당이 없어요? 일종의 응급 왕진인데.

없어요. 오히려 각서까지 써요. '비행중 어떠한 사고가 나도 재난안전본부에 민형사상 책임을 묻지 않겠다'라고 쓰인 서약서에 서명하고 타요. 우린 소방헬기 타고 가다 죽어도 국립묘지에도 못 가요. 소방대원이 아니니까. 뭐, 그런 건 어쨌든 상관없어요.

보험은 들어놓으셨어요?

보험도 이런 건 커버 안 해줘요. 헬기 타다 어깨 부러졌을 때 보험사에서 연락도 안 왔어요.

1년에 300번 가까이 헬기로 환자를 이송하고, 정 위급할 때는 헬기 안에서 가슴을 절개하고 심장을 주무르며 저승의 문턱까지 간 환자의 생명을 구해낸 덕에 아주대 중증외상센터는 예방가능 사망률을 9퍼센트대로 대폭 낮췄다. 그러는 사이, 이국종의 몸은 점점 만신창이가 되어갔다. 오른쪽 어깨는 세월호 사고 현장에 갔다가 부러졌고, 왼쪽 무릎은 헬기에서 뛰어내리다가 꺾여서 다쳤다. 왼쪽 눈이 거의 실명된 건 2년 전 직원 건강검진에서 발견했다. 오른쪽 눈도 제대로 관리하지 못하면 발병할 위험이 있다고 했다.

의사가 시력을 잃으면 어떡해요? 무슨 병이래요?

망막혈관 폐쇄와 파열. 팔십대 당뇨병 환자가 걸리는 병이래요. (웃음) 수면 부족은 증상을 악화시킨다는데, 뭐 도리가 없어요. 어머니가 알고 슬퍼하셨어요. 아버지도 왼쪽 눈을 잃으셨는데, '그런 것까지 똑같이 닮냐?' 하시면서……

그의 아버지는 한국전 직후 지뢰 파편이 망막에 박히면서 왼쪽 눈을 실명했다. 대학까지 졸업한 인텔리였지만 전쟁에 젊음을 바친 아버지는 마땅히 세상에 정착할 곳을 찾지 못했다.

생존해 계신가요?

2000년에 돌아가셨어요. 아버지는 대쪽 같은 분이셨어요. 국제공항 경리부에 어렵사리 자리를 얻었는데 사람들이 주차비 받아서 빼돌리는 걸 눈감아주지 못하셨대요. 그 일 때문에 김해로 좌천되니까 더럽다고 때려치웠어요.

진짜 아버님을 빼닮으셨나봐요. (웃음) 의사가 되겠단 생각은 언제부터 하신 거예요?

아버지가 국가유공자라서 노란색 의료카드가 있었어요. 그걸 갖고 병원에 가면 왜 여기까지 왔느냐고 노골적으로 눈치를 줬죠. 그때 동네에 '김학산 외과'라고 있었는데 그 원장님은 절 냉대하지 않으셨어요. 본인부담금도 안 받으시고 오히려 제게 용돈을 주시곤 했어요. 어린 마음에 의사가 되면 돈도 벌고 좋은 일도 할 수 있겠구나 싶었죠.

내가 버릴 수 없는 마지막 원칙

외상외과 의사로 일한 지 15년인데, 그간 개인적으론 잃은 게 많으시죠?

한국 사회 막장을 다 본 것 같아요. 내가 깜냥에 안 맞는 일을 벌여 우리 센터 동료들까지 사지로 끌고 들어간 것 같아 너무 마음이 무거워요.

이번 추석 연휴에도 집에 못 들어가시나요?

연휴 시작되는 금요일부터 어마어마하게 환자들이 몰려들 거예요. 연휴가 제일 무서워요.

36시간씩 밤새워서 근무를 하면 집에는 언제 가세요?

저야, 뭐…… 같이 일하는 정경원 선생은 1년에 네 번밖에 집에 못 간 적도 있어요.

이런 식으로 얼마나 버티시겠어요? 건강도 사생활도 희생해가면서.

안 돼요. 안 된다니까. 그걸 알지만 가망이 없어요. 고쳐질 수도 없고 제가 고칠 수도 없어요.

그럼에도 15년간 얻은 게 있다면?

악명? 독불장군이다. 막간다……

왜 그렇게 말씀하시죠? 살아남은 사람들이 있잖아요. 선생님 덕에.

……그야, 의사라면 다 하는 일이고.

떠날 생각도 해보셨나요?

수없이 했죠. 산업인력공단에서 사우디에 파견의사 보낸다고 할 때도 지원해서 뽑혔는데 국가적으로 그 프로젝트 자체가 무산되면서 어그러졌어요.

그래봤자 가난한 사람들 죽고 다치는 현장에서 크게 못 벗어나시는군요. (웃음)

왜요. 레이저로 점 뽑는 것도 잘해요. (웃음) 하나 뽑는 덴 만 원, 13개 뽑으면 10만 원.

선생님 하시면 제가 빼러 갈게요. (웃음)

기대도 희망도 없지만, 원칙 버리진 않겠다

표정 없던 그가 희미하게 웃었다. 쓸쓸하고 허탈한 미소였다. 새벽 3시를 넘어선 시각, 그는 여전히 수술복에 수술모를 벗지 않았다.

다시…… 여쭤봐도 될까요? 그간 얻은 게 뭔지.
(잠시 침묵) 동료들이요. 좋은 사람들이에요. 약간 제정신들이 아니죠. 바보처럼 순박하고 사심 없는 사람들……

그는 줄줄이 고마운 사람들 이름을 대기 시작했다. 집에도 못 가고 환자한테만 매달려온 중증외상센터 전문의 정경원 선생, 캐나다에서 더 좋은 조건으로 일할 기회도 팽개치고 고락을 함께해온 간호사 김지영 선생, 위험한 일에 두말없이 앞장서는 소방헬기 파일럿들. 이성호, 이세형, 이인붕, 박정혁, 석회성 기장……
이국종은 클립으로 곱게 묶어놓은 그들의 사진을 보여주었다. 연구실 간이침상 곁에 두었다가 무력감이 들고 막막할 때 그 사진들을 한 장 한 장 들여다본다고 했다.

선생님이 생각하는 '의사로서의 원칙'은 뭐예요?
의사고 뭐고, 그냥 직업인으로서의 원칙이라면…… '진정성'이요. 진심으로 어떤 문제를 해결하려고 최선을 다하는 태도. 인생을 돌이켜볼 때 정말 진정성 있게 일했다고 자부할 수 있는 마음.

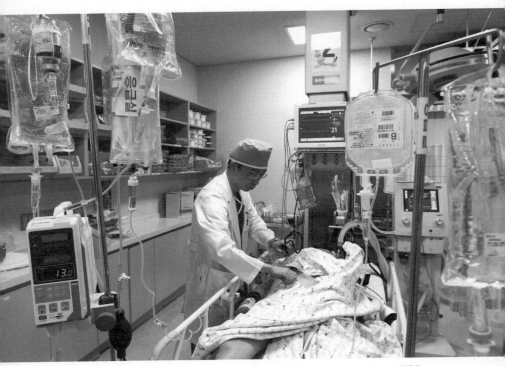

새벽 4시 5분, 그는 칼에 찔린 환자가 왔다는 콜을 받고 급히 일어났다. 그와 짧은 인사를 나누고 건물을 나섰다. 바깥은 여전히 짙은 어둠, 불야성처럼 환하게 밝혀진 중증외상센터 건물 안에서 그와 그의 동료들은 사선을 넘나드는 전투를 계속하고 있었다.

> 나는 외상외과 의사였다. 그들을 살리는 것이 나의 업이었다. 그럼에도 그들은 자꾸 내 눈앞에서 죽어나갔다. 싸우면 싸울수록 내가 선 전장이 홀로 싸울 수 없는 곳임을 확인할 뿐이었다. 필요한 것은 '시스템'이었다. 그러나 누구도 그것이 무엇인지 알지 못했고, 알려 하지 않아서 알 수 없었다. (이국종 비망록 중에서)

이국종을 다시 만났을 때

그의 인터뷰 기사가 나가고 두 달 뒤, 다시금 그의 이름이 속보를 탔다. 2017년 11월 13일 총상을 입고 판문점 공동경비구역을 넘어서 탈북한 병사가 주한미군 의무항공대 '더스트오프' 팀에 의해 아주대 중증외상센터로 긴급후송되었기 때문이다. 총탄을 다섯 발이나 맞고 죽음의 문턱까지 갔던 오청성 병사의 수술을 집도해 그를 기적적으로 소생시키면서 이국종은 '신의 손' '한국의 맥드리미'(McDreamy, 미국 드라마 〈그레이 아나토미〉의 남자 주인공 애칭)로 불리며 국내외적으로 다시금 신화적인 인물이 되었다.

그가 남긴 어록, 인터뷰, 환자와 지인들의 증언은 물론 그의 가족과 사생활, 그가 쓰는 블랙베리 핸드폰과 낡은 손목시계까지, 그의 일 거수 일투족에 국민의 관심이 집중되었고 언론과 각종 단체들은 앞 다퉈 그를 '올해를 빛낸 인물'로 선정했다. '이국종 같은 의사가 소신 껏 일할 수 있도록 중증외상센터 지원을 확대해달라'라는 청와대 청 원에 28만여 명이 참여하자 박능후 보건복지부 장관은 아주대 중증 외상센터를 직접 방문해 그와 세 시간여에 걸쳐 면담을 나누고 수가 개선, 인력 보강, 예산 증액 등 외상센터 개선을 위한 종합대책을 발 표했다. 2017년보다 40억 원 축소편성되었던 2018년도 권역외상센 터 예산은 212억 원이 증액되었고 닥터헬기 다섯 대도 추가 도입하 기로 했다.

2018년 3월초, '이국종 열풍'이 잠시 잠잠해질 즈음 나는 그를 다시 만났다. 몰려드는 환자들 때문에 그는 예전보다 더 바빠졌고 한겨울 혹한이나 명절 연휴에도 헬기를 타고 밤새워 환자를 수술하느라 전 화 통화할 시간조차 여의치 않았다고 했다. 몇 달 만에 보는 그의 얼 굴은 이전보다 더 수척해진 듯했다. 2012년 외상센터 설립을 제도화 한 '이국종법'에 이어 2018년 일명 '이국종 지원대책'으로, 두 번이나 자신의 이름이 들어간 획기적 제도 변화를 이끌어냈지만, 그의 갈라 진 음성에선 여전히 아득한 절망감이 묻어났다.

기대도 희망도 없지만, 원칙 버리진 않겠다

'2017년 가장 만나고 싶은 인물' '가장 존경하는 인물' '우리 사회를 밝게 한 인물'로 꼽히셨어요.
……

알고 계시죠?
아뇨. 몰랐어요.

대한민국 3대 언터처블untouchable이 박지성, 김연아, 그리고 이국종이라던데요. (웃음)
들어본 적 없고요. 그렇게 생각도 안 해요. 저와 관계없는 일이라고 생각합니다.

인터넷에 '이국종'이라고 검색도 안 해보셨어요?
그런 쑥스러운 짓을……

얼마나 핫한 인물이 되셨는지, 명성을 실감하지 못하시는군요.
명성? 그런 거창한 건 생각해본 적 없어요. 정말 단 한 번도요. 병원 안에 있으니까 환자분들이야 알은척을 해주지만…… 명망이나 사회적 신망, 그런 건 제게 해당되는 게 아녜요. 전혀 와닿지 않습니다. 제가 하는 일은, 외국 같으면 외과의사들이 통상적으로 하는 일이고 별 특별할 게 없어요.

국민청원 덕분에 보건복지부에서 권역외상센터 추가 지원대책을 내놨는데, 상황은 좀 나아졌습니까?

국민들께 정말 감사하죠. 직접 오셔서 장시간 얘기 들어주신 장관님께도 감사하고요. 근데 사실 제가 장관님께 드린 말씀은 "권역외상센터 차라리 없애시라"라는 거였어요. 서울대 김윤 교수님 말씀을 빌리자면 "대한민국 의료계 컬처culture가 바뀌어야 해결"될 문제라고요. 애초에 외상센터 설계할 때부터 잘못되었어요. 2012년 외상센터 설립을 처음 논의할 때 6개 권역에 800억 원씩 지원하려던 예산을 17개 권역에 80억씩 잘게 쪼개서 배분했어요. 세계 표준에 맞게 하려면 지금보다 훨씬 큰 규모의 거점센터를 시범적으로 운영하고 단계적으로 중소형센터를 지정해나갔어야 했다고요.

만성적인 인력부족을 해결하기 위해서, 외과계 전문의가 권역외상센터에서 일정 기간 수련받도록 하는 방안도 정부에서 검토하겠다고 했잖아요.

장관님께 그거 잘 안 될 거라고 말씀드렸어요. 어휴, 제가 그것 때문에 외과학회에서 전화 수십 통 받고…… 가뜩이나 외과 수련의가 모자란 판에 될 일이냐고, 항의가 빗발쳤어요.

권역외상센터 직원들 월급도 많이 올려준다면서요?

허 참…… 그 정도 가지고는 권역외상센터 딱 한 곳 잡아서 글로벌 스탠다드에 맞출 수 있는 예산밖에 안 돼요. 이번에 증액한다는 예산을

17개 센터로 나눠보세요. 우리 병원에만 간호사가 220명인데, 전체 증액분의 17분의 1을 다시 220으로 나눠봐요. 1인당 얼마가 돌아오는지. 그렇게 찔끔찔끔 올려봐야 소용없고요. 사실 간호사들이 월급 올려달라고 한 적 없어요. 외상센터 간호사들이 왜 그만두는데요? 국제기준으론 간호사 한 명이 중환자 한 명 보는 게 정상인데, 우리나라는 간호사 한 명당 중환자 두 명씩 보는 걸 간호 1등급 기준이라 매겨요. 그런 1등급 기준도 충족 못 하는 외상센터는 다 지정 취소해야 해요. 2등급이면 한 명의 간호사가 중환자 서너 명을 본다고요.

1인당 월급 인상보다 전체 인력 충원이 필요하단 말씀인가요?
선진국은 고사하고 동남아시아랑 비교해도 우리나라 간호사 1인당 환자 수는 턱없이 많아요. 석해균 선장을 오만 병원에서 모시고 왔는데 오만에서도 간호사 1.3명이 중환자 한 명을 봐요. 우리 간호사들이 그 3배수의 환자를 보려니 어떻게 견디겠어요. 그래서 이직률이 높은 거예요. 간호협회나 간호대학 계신 분들은 뭐하시는지 모르겠어요. 이런 문제로 국회 앞마당에서 삭발이라도 하겠다고 하시면 저라도 같이 삭발할 용의가 있는데. 간호사가 과부하를 안고 극심한 고통 속에서 일해야 하니, 태움문화가 나오는 거예요. 의사도 마찬가지예요. 필요한 의사 숫자의 3분의 1밖에 안 되는 인력으로 환자를 봐요. 병원 로비랑 외래 공간만 대리석으로 비까번쩍하게 만들어놓으면 뭘 해요? 중환자실에선 의사, 간호사가 모자라서 케어를 못 하는데. 의료인력을 확충하지 않으면 문재인케어도 의미가 없어져요.

문재인케어에 반대하는 의료인들이 이국종 교수 얘기를 많이 합니다. 수가 개선을 해야 이국종 같은 의사가 제대로 진료할 수 있다고.

의사협회 입장과 저는 좀 달라요. 의사협회에선 낮은 수가를 문제삼죠. 저수가 손실분을 비급여 부분으로 때우고 있는데 비급여 항목을 줄인다니까 반발하는 거고요. 저는 수가 인상보다 오랫동안 쌓여온 의료계 적폐를 청산하는 게 더 절박한 과제라고 봅니다.

의료계 적폐라면……

말도 안 되는 업무환경을 만들어놓고 '하면 된다' 정신으로 버티게 하는 거요. 제가 의대 다닐 때도 대걸레로 두들겨맞았어요. 왜? 때리지 않으면 조니까. 인력이 모자라니까 잠잘 틈이 없잖아요. 의사들은 때리고 간호사들은 태워서 세계 최고의 전사를 만들 건가요? '돌격 앞으로'식으로 밀어붙여서 겉으로 보이는 성과를 채우는 데만 급급해하는 것, 그게 과거 고도성장기의 적폐 아닙니까? 그렇게 일해서는 어느 분야든 지속가능성이 없어요.

권역외상센터의 열악한 현실뿐 아니라, 최근 일어났던 목동 신생아병동 사건이나 아산병원 간호사 태움문화 역시 동일한 의료계 적폐에서 발화한 문제라는 게 그의 주장이다. 이국종은 전 국민의 우상이 되고 다른 한쪽은 전 국민의 지탄의 대상이 되었지만 그렇게 표피적으로 사안에 접근해선 안 된다고, 도대체 언론은 뭐하는 거냐며 그가 목소리를 높였다. 근본적이고 구조적인 접근, 잘못된 문화와 시스템을 전면 재정비하는 일, 그런 진정성 없이 생색내기용 미봉책으론 어림없다는 것이다.

이런 상황을 바로잡기 위해서 국민들은 뭘 해야 하죠?

글쎄…… 권역외상센터 없애라고, 의료기금 헛되이 쓰지 말라고 청원하시는 거? (웃음) 차라리 그렇게 원점으로 돌리고 새로 시작하는 게 어떨까 싶은 정도예요.

원래 성격이 그렇게 냉소적이세요?

어려서는 아무리 어려워도 그러지 않았던 것 같아요. 만화영화 주인공 캔디처럼 '외로워도 슬퍼도 난 쓰러지지 않는다'라는 생각에 취해 있었죠. 집도 절도 없이 초등학교를 여섯 군데나 옮겨다녀서, 학교 이름도 잘 기억이 안 나요. 밥도 못 얻어먹고 고아나 다름없이 살았지만 약해 보이지 않으려고 이를 악물고 견뎠는데…… 신설 의과대학(아주대 의대 1기)에 온 게 잘못된 판단이었나봐요. 외상센터 하면서 못 볼 꼴을 너무 많이 봤어요.

학연에 따른 의사들 내부의 서열주의나 파벌주의 때문에요?

세상이 어떻게 무섭게 돌아가는지 뼈저리게 느꼈어요. 석 선장 치료한 후로 내 이름이 신문쪼가리에 오르내리면서 이국종법 만들고 응급의료기금 연장시켰는데 정작 우리 병원이 권역외상센터 사업에서 배제되었을 때, 내 이름 팔아서 들어온 의료헬기가 다른 병원에 배정돼서 날아다니는 걸 볼 때…… 그때 마주쳤던 병원 안팎의 차가운 눈빛들을 평생 잊지 못할 것 같아요. 지금도 주기적으로 그때의 악몽을 꿔요. 진료명단에서 내 이름 빠지고, 날 비방하는 연판장 돌던 일. 참…… 세상이, 무서워요.

그래도 신뢰하는 동료들이 곁에 있잖아요.
같이 일하는 동료들 힘 빠지고 좌절할까봐 나쁜 얘기는 전하지 않으려고 하죠. 근데 너무 안 하다보니까 내가 실은 사면초가로 버티고 있다는 걸 너무들 모르는 것 같아서 인간적으로 좀 서운할 때가 있어요. 어쩜 이 모든 게 제 책임인지도 몰라요. 애당초 권역외상센터를 한국 사회에 도입하려고 한 것 자체가 과욕이었는지도……

지난가을에 만났을 때나 올봄에 만났을 때나, 이국종은 '곧 포기할 사람'처럼 말했지만 나는 그가 호락호락 물러나지 않을 것임을 안다. 그는 나와 만나기 전에도, 나와 만난 뒤에도, 권역외상센터 개선 방안을 위한 각종 토론회와 학회, 정책발표회에 참여해 쓴소리를 쏟아내기를 멈추지 않았다. 그는 요지부동의 의료현실에 격분하고 낙담하고 냉소하지만, 환자를 살리는 일이라면 그이가 석해균이든 오청성이든 이름 모르는 무명씨든 물불 가리지 않고 달려나간다. 인터뷰 내내 극도의 피로와 허탈감으로 곧 쓰러질 것 같은 모습이었지만, 문득 신들린 무당처럼 생기를 되찾고 그의 목소리에 힘이 실리는 순간도 나는 여러 번 보았다. 위급한 환자를 돌보러 튀어나갈 때, 그리고 다시 맥없이 그의 연구실로 돌아오다 벽에 붙은 지인들 사진에 눈길이 머물 때.

"이리로 좀 와보세요." 뒤따라 걷던 나를 손짓으로 불러 세우고 사진 액자 속의 사내를 가리키며 그가 말했다. "여기 제 옆에 서 있는 사람이 브라이언 올굿 대령이에요. 이분, 이라크전에 가서 죽었어요. 위험한 지역인 걸 알면서도 죽음을 무릅쓰고 자기가 직접 진두지휘해서 간 거예요."

죽어가는 사병을 구조하러 헬기를 타고 나갔다가 사망한 미군 외상외과 의사 브라이언 올굿 대령이 평상시 입에 달고 다니던 말을 그는 생생히 기억한다. "나의 형제들이 바로 저기 있다. 무조건 출동한다!"

"고귀한 임무를 수행한다는 사실 자체가 우리에겐 보상이다." 해군의 낡은 소형잠수함을 타고 심해에서 임무를 수행하는 친구 조현철의 말을 인용할 때도, "낡은 장비와 부족한 보급을 불평하지 않는다. 우린 주어진 상황에서 최선을 다한다"라던 해군 시절 선임병사의 이야기를 회고할 때도 그는 그랬다. 찌든 피로도 잠시 잊은 듯, 빛나는 자부심과 사명감으로 충만한 눈빛이었다.

이국종

이국종에게 진정으로 위안이 되는 건, 그를 국민영웅으로 추앙하는 팬들의 박수갈채가 아니라 단순하고 순결한 진정성을 가지고 각자의 분야에서 온전히 자신을 불태우는 또다른 이국종들이 아닐까. 그와 헤어질 때 "선생님, 힘내세요" 같은 인사는 건넬 수 없었다. 그에게 진짜로 힘이 되는 인사말은 그게 아닐 거라 생각했다. 그를 바라보며 천천히 말했다. "저도, 최선을 다할게요."

그와 추가 인터뷰를 한 얼마 후, 대한의사협회에서 '문재인케어 저지를 위한 대국민 홍보방안'으로 이국종을 모델로 하는 드라마 제작을 추진한다는 기사가 떴다. 그가 자기 이름이 들어간 뉴스에 무심하고 와이파이가 안 되는 수술실이나 헬기 안에서 대부분의 시간을 보내는 게 얼마나 다행스러운 일인지 모르겠다.

기대도 희망도 없지만, 원칙 버리진 않겠다

아주대학교병원 경기남부권역중증외상센터장.
그를 위한 국민청원에 28만 명이 참여하고, 그
의 일거수일투족이 언론의 기삿거리가 되지만
그는 자신을 향한 세인들의 관심에 무심하다. 병
원 바닥에 대리석을 깔 돈으로 의료인력을 충원
하고 생색내기용 미봉책 대신 근본적인 의료적
폐 청산에 나서야 한다는 그의 주장은 여전히 받
아들여지지 않았다. 기대도 희망도 가질 수 없는
현실에 낙담하면서도 타협하지 않는다. 그는 환
자를 살리는 의사다.

세
번
째 ·
순
간

나는 더 용감했어야 했다

노태강

후회하죠.
공무원으로 하고 싶었던 일을 못 하고 나왔으니.
촛불집회 보면서 '내가 좀더 용감했어야 했는데' 싶었어요.

"박근혜 피고인을 징역 24년 및 벌금 180억 원에 처한다."

2018년 4월 6일, 박근혜 전 대통령에 대한 선고 공판이 있었다. 재판부는 피고가 노태강 전 문체부 체육국장에게 사표 제출 지시를 내린 데 대해서도 직권남용과 강요죄를 인정했다. '나쁜 사람'이란 낙인을 달고 노태강이 좌천된 지 4년 8개월 만이었다. 사필귀정이었다. 그의 소감은 언론에 보도되지 않았다. 짐작하건대 언론의 요청이 있었더라도 그는 아마 언급하기를 극구 사양했을 것이다.

대통령의 지시로 그에게 사직을 강요한 김상률 전 교육문화수석과 김종덕 전 문체부 장관이 각각 징역 1년 6개월과 징역 2년의 실형을 선고받았을 때도 그랬다. 코멘트를 따려는 기자들의 질문공세에 그는 "제가 특별히 드릴 말씀이 없네요"라고 답했다. 억울하게 공직에서 쫓겨났던 그가 문재인정부 출범 이후 문체부 차관으로 화려하게 복귀했을 때에도 마찬가지였다. 드라마틱한 귀환소감을 기대하는 기자들의 질문에 "감정의 앙금은 남아 있지 않다"라면서 평창올림픽을 성공적으로 치르는 일에만 전념하겠다고 말했다. 노태강은 입이 무겁고 진중한 사람이다. 공직에 복귀한 뒤 한 일간지에 기고한 칼럼에서 진솔한 속내를 짧게 내비쳤을 뿐이다.

나는 더 용감했어야 했다

내가 기대어 위안을 삼고 있는 퇴계 이황 선생의 가르침을 모든 공무원에게 소개하고자 한다. "세상을 살아가면서 나아가기도 하고 물러나기도 하며, 때를 만나기도 하고 만나지 못하기도 하지만 결국에는 몸을 깨끗이 하고 의를 행할 뿐이요, 화복은 논할 바가 못 된다." (노태강, 「참 나쁜 공무원 안 되려면…… 자신만의 대의부터 찾자」 중에서, 서울신문, 2017. 11. 27.)

나는 노태강이 공직에서 쫓겨나 민간산하단체인 '스포츠안전재단' 사무총장으로 근무하던 시기에 그를 만났다. 2017년 2월 8일, 서울 송파구 올림픽공원 인근에 있는 그의 사무실로 찾아가던 날, 허허벌판 고층건물 사이로 부는 칼바람에 뺨이 얼얼했다. 입춘이 지났지만 봄은 쉽게 올 것 같지 않았다. 대통령 탄핵소추안이 국회를 통과했지만 아직 아무것도 새로 시작되지 않은 과도기, 해 뜨기 전 가장 어두운 새벽처럼 희망과 불안이 교차하던 때였다.
대통령은 그를 가리켜 '나쁜 사람'이라고 했다. 정유라 편을 들지 않고 사실관계에 충실한 보고서를 제출한 것이 화근이었다. 2013년 8월, 박근혜 대통령은 수첩을 펼쳐 그의 이름을 콕 집어 경질할 것을 요구했다. 문체부 체육행정을 담당하던 그는 국립중앙박물관으로 좌천되었고 그곳에서 3년 뒤, 고가의 프랑스제 명품을 판매하는 전시회 지시에 반대하다가 또다시 눈 밖에 났다. "이 사람이 아직도 있어요?"라고 대통령은 물었다. 공직생활 32년 2개월 만에 그는 결국 사직서를 내야 했다.

사유화된 권력이 헌법 위에 군림하는 나라에서, 공무원이란 존재는 무력하고 왜소하다. 권력의 충실한 사복이 될 것인가, 개인의 양심을 따를 것인가? 역린을 건드린 대가는 혹독하고 순응의 후과는 참담하다. 권력의 비위를 거스른 이들은 축출되고, 숨죽여 살아남은 공무원들은 '영혼이 없는 동물' '권력의 하수인'으로 국민들로부터 조롱당한다. 부당한 권력이 작동할 때 수직적 집행체계의 볼모가 된 이들에게 우린 무엇을 요구할 수 있을까? 상명하복의 질서를 따르는 공직사회에서 최고권력자의 표적이 되면서까지 노태강이 지키고자 한 것은 무엇이었을까.

노태강이 근무하는 재단 사무실의 출입문엔 보안장치가 달려 있었다. 시도 때도 없이 찾아오는 기자들 때문에 달아놓은 것이라 했다. 직원 확인을 받고서야 그의 방에 들어설 수 있었다. 난방 온도를 낮춰놓은 탓인지, 실내는 써늘했다. 벗어두었던 패딩 점퍼를 다시 어깨에 걸치고 인터뷰를 시작했다.

설은 잘 보내셨어요?
예. 부모님이 대구에 계셔서 내려갔다 왔어요.

그동안 부모님도 마음고생이 심하셨겠네요.
아버님이 여든넷이신데, 지난 3년 동안 아침에 일어나면 인터넷 열어

　　　　　　　　　　　　　　나는 더 용감했어야 했다

서 기사 검색하는 게 일이셨어요. (웃음) 제가 삼형제의 장남인데, 제 아래 둘째도 공무원이라, 혹시 별일은 없는지 신경쓰시느라.

혹시 아버님도 공무원 출신이신가요?
아녜요. 저희 아버님은 평생 노동자로 사셨어요. 제일모직에 열여덟 살에 입사해서 정년퇴직하실 때까지 공장에서 염색 일을 하셨어요.

어려서부터 아버님의 큰 자랑이셨겠군요.
뭐, 큰 자랑이랄 건 없고…… 속은 많이 안 썩이는 편이었죠.

평생 속 썩일 걸 최근 몇 년간 한꺼번에 몰아서 걱정을 끼친 건가요?
그런 셈이죠. (웃음) 그래도 특별히 뭐라 하시진 않고, '네 일 네가 알아서 잘할 거다'라면서 믿어주세요. 부모님 모두 많이 배우시지는 못했지만 자식을 믿고 지켜보는 편이라서.

출세할 생각으로 공무원 하지 말라

노태강은 대구 사람이다. 한학자였던 할아버지 노차갑은 신간회 멤버이자 무장투쟁에 가담한 독립운동가였다. 할아버지가 가산을 털어 해외로 떠도는 통에 할머니와 아버지 형제들은 빈한한 생활을 면할

길이 없었다. 풍파를 겪으면서도 한평생 성실했던 아버지의 뒤를 이어, 노태강도 반듯하고 듬직한 모범생으로 성장했다. 대구고등학교와 경북대 법정대 행정학과를 졸업하고 일찌감치 행정고시에 합격해 이십대 중반부터 공직생활을 시작했다. 2016년 5월 강제로 사직서를 내고 나올 때까지 꼬박 만 32년 2개월을 공직자로 일했다.

청춘을 다 바친 직장인데, 발길이 안 떨어졌을 것 같아요. 떠나던 마지막날 기억하세요?

직원들이 행여 동요할까봐 사표를 내고도 비밀에 부치고 퇴직하기 전 1~2주 휴가를 썼습니다. 직원들 마주치면 힘들까봐, 일요일날 아무도 없을 때 혼자 사무실 나가서 몰래 짐 싸고 차에 실었어요. '이렇게 나의 공무원 생활이 끝나는구나' 싶어서 참 서글펐죠.

그럼 직원들과 작별인사도 못 하고 나오신 거예요?

나중에 했죠. 멀리 파주 저희 집까지 찾아와주는 후배들이 있어서. 제가 대놓고 송별회를 하잘 수는 없었어요. 저 때문에 피해 볼 후배들이 있을까봐서요. 두 번이나 대통령한테 지적당한 사람인데, 괜히 저랑 친한 티 냈다가 후배들까지 무슨 영향 받지나 않을까 싶어서……

노태강의 어릴 적 꿈은 판사였다. 생각이 바뀐 건 경북대 법정대에 진학한 뒤 행정학 강의를 접하고부터였다. 당시 사십대 젊은 진용으로 짜인 행정학과 교수들은 학생들과 야구나 축구를 같이할 만큼 자유분방하고 격의가 없었지만, 공무원의 자세와 가치를 얘기할 땐 더없이 열정적이고 진지했다. 출세나 안정된 직장을 기대하고 공무원을 선택하면 인생이 불안정해지니 아예 시작을 하지 말라고, 공공적 가치를 중시하고 숙의적 역할을 잘할 수 있는 사람들이 공무원이 되어야 한다고 그는 배웠고, 그것을 공직생활의 평생 원칙으로 몸에 새겼다.

처음부터 체육행정에 관심이 있었나요?

아뇨. 첨엔 노동부에 가려고 했어요. 막연하나마, 노동부에 가서 노동자 권리를 개선하는 일을 하면 보람 있겠다고 생각했지요.

혹시 운동권이셨어요? (웃음)

아니요. 운동권은 아니지만 저희 아버님도 평생 염색공으로 일하고 퇴직하셨으니 그렇게 고생하시는 분들 도와드리고 싶다는 단순한 마음이었죠. (웃음)

그러나 뜻한 대로 되진 않았다. 희망 부서와는 달리 보훈처에 배정을 받아 일하다가 군대 다녀온 뒤 체육부로 자리를 옮겼다. 당시 88올림픽이 끝나고 처리할 업무가 많은 상태였다. 국제경기를 치르는 것 못지않게 그 뒤처리가 중요하단 선배의 권유에 그는 흔쾌히 체육부에 합류했다. 김영삼정부 들어 체육부가 문화부와 합쳐진 이후 문체부 내의 체육 분야에서 줄곧 일해왔다.

체육국장에서 경질되기 전, '스포츠 2018'이란 프로젝트를 추진중이셨다던데, 그게 뭐죠?

새 정부가 들어서면 각 부처별로 5년간 할 일의 청사진을 만들어 발표합니다. '스포츠 2018'은 박근혜정부 스포츠정책의 방향을 수립한 건데, 우리는 좀더 문화적인 시각에서 스포츠가 사회를 바꾸는 건강한 동력이 될 수 있다고 믿었어요. 스포츠는 집단주의나 국가주의로 흐를 위험도 있지만, 정정당당한 대결, 규칙의 준수, 팀워크, 공동체정신 같은 긍정적 정신이 가득하잖아요. 그걸 제대로 살려서 사회 전 분야에 파급되게 하자고 생각했죠. 그때 프로젝트의 부제가 '스포츠로 대한민국을 바꿉시다'였어요.

아이고! 참 아이러니네요. 그런 스포츠의 미덕은 다 어디 두고, 권력형 비리의 온상이 되었으니……

그러니까요. 체육은 원래 자기 실력 아니면 다른 요소가 개입할 여지가 별로 없는 분야예요. 올림픽 금메달 몇 개 땄다, 올림픽 랭킹이 몇 위다 하면 대한민국의 국력 자체가 올라간 것처럼 보는 시각을 바꾸고 싶었어요. 스포츠 선수들을 '운동 기계'로 만들지 않고, 정상적인 삶을 살면서 사회에 기여하는 건강한 자산이 되도록 지원하고 싶었고요.

나는 더 용감했어야 했다

아쉽습니다. 문체부가 소신껏 그런 일을 할 수 있었다면 정말 좋았을 텐데. 전 문체부에 애정이 많습니다. 제 직장이어서만이 아니고, 문체부 자체가 대한민국 공무원 사회 안에서도 좀 특이한 조직입니다. 굉장히 자유롭고 상호 간의 벽도 없고, 직급 간에 소통도 활발하고, 장관님한테도 얼마든지 농담하고, 아니다 싶으면 '이거 안 됩니다' 의견도 낼 수 있고요. 몇몇 장관님들은 복장도 자유롭게 하라고 해서 한여름에 반바지 입고 오는 직원도 있었어요. 문체부 공무원으로 일한 게 참 즐거운 기억이었는데…… 그랬던 문체부가 한순간에 무너지는 걸 보고 정말 안타까웠습니다.

그는 어떻게 '나쁜 사람'이 되었나

발단은 2013년 5월 그에게 걸려온 한 통의 전화였다. 당시 모철민 청와대 교육문화수석이 직접 전화해 "박원오라는 사람이 승마협회 관련해 할말이 있다고 하니, 진재수 체육정책과장을 시켜 직접 만나보게 하라"라고 했다. 문체부 체육국이 대한체육회를 통하지 않고 직접 경기단체 관계자를 상대하는 건 매우 이례적인 일이었지만, 청와대 수석의 연락이니 무시하기도 어려웠다. 그런데, 그 지시에 따라 박원오를 만나고 온 진재수 과장의 첫마디는 '좀 이상하다'는 것이었다.

뭐가 이상하다는 겁니까?

박원오란 사람이 승마협회 관계자 명단을 들고 와서는 이 사람, 저 사람 문제가 있다고 제보했는데, 두루 확인해보니 자기들 파벌싸움에 우리를 끌어들이려는 거 같다는 거예요. 게다가 박원오란 사람의 신상에 대해 알아봤더니, 승마협회 일을 하면서 횡령, 사기 미수, 배임, 사문서 위조 같은 전과가 있다고……

사문서 위조까지요?

법정에 제출하는 서류를 조작했대요. 서울시 승마협회 부회장인가 할 때. 그래서 실형을 살았고요. 그런 사람 말이니 곧이곧대로 신뢰할 수는 없는 거 아닙니까? 우린 박원오측이나 상대편 양측에서 제기한 얘기들이 다 문제라고 보고 체육계 전반에 대한 개혁 방안이 필요하다고 보고서를 썼죠. 그걸 모철민 수석에게 보냈어요.

그런데 보고서를 올린 뒤, 곧바로 박원오의 항의전화를 받으셨다고요?

그게 지금 생각해도 황당하고 말이 안 되는 일이지요. 2013년 7월 5일 모철민 수석에게 보고서를 보내고 하루인가 이틀 후에, 박원오가 진재수 과장한테 바로 전화해서 '보고서를 그렇게 쓰면 어떡하느냐, 두고 보자' 뭐 이런 식으로 얘길 하더래요. 진재수 과장이 '지금 날 협박하는 거냐?' 하고 호통을 치면서 전화를 끊긴 했다지만, 아니 이거 정말 황당한 일 아닙니까? 청와대에 보고하는 문서는 보안이 유지되

나는 더 용감했어야 했다

어야 하잖아요. 그래야 개인이나 단체에 대한 문제점도 얘기하지, 그렇게 올린 보고서가 이틀 만에 당사자한테 넘어가서 항의전화를 받게 하다니.

이 일이 정유라와 관련된 것이란 얘기는 언제 들으셨어요?

진재수 과장이 승마협회 사람들 만나는 과정에서, 이 사건이 정윤회씨 딸과 관계있단 얘길 들었대요. 청와대에 보고서를 제출하기 전에 그 문제에 대해 저희도 내부적으로 상의를 했는데, 당시 박종길 차관은 '원칙대로 하라' 하셨고 유진룡 장관은 '정윤회씨 딸이면 그냥 메달 줘야 하냐?' 하셨어요. 정윤회씨가 관련이 있다 해도, 아니 그러면 더더욱 대통령에게 그 사실을 알려서 호가호위하지 못하게 해야 한다고 판단했지요. 우린 대통령께서 자신이 공언한 국정원칙을 지킬 거라 믿었거든요.

믿음은 허무하게 깨졌다. 다음달인 2013년 8월 유진룡 장관이 대통령에게 체육계 개혁방안을 보고하는 자리에서 대통령은 수첩을 펼쳐 들며 '노태강, 진재수가 나쁜 사람이라고 하더라'라며 인사 조치를 할 것을 지시했다.

대통령이 실무 국·과장급을 지명해서 '나쁜 사람'이라고 얘기하는 게 통상적인 일인가요?

2016년 5월 30일 노태강 전 문체부 국장이 32년 2개월의 공직생활 마지막날 쓴 업무수첩. 문체부 체육국장에서 국립중앙박물관으로 '좌천'된 그는 "이 사람이 아직도 있어요?"란 박근혜 대통령의 한마디에 타의로 공직생활을 마감했다.

(곰곰 생각) 공무원 생활 30년 동안 처음 본 것 같아요. 제가 그 첫 사례가 된 거죠. 허허……

그 무렵, 홍경식 당시 청와대 민정수석이 노태강, 진재수 두 사람에 대해서 공직감찰을 했죠. 결론은 두 사람이 '체육개혁에 대한 의지가 부족하고 공무원으로서 품위 유지에 문제가 있다'라는 거였고요. 그게 경질의 근거가 되었나요?

그 감찰 결과는 유진룡 장관에게도 사전에 통보되지 않은 걸로 압니다. 대통령도 감찰 내용 언급 없이 '나쁜 사람이라고 하더라'라는 얘기만 했다고 들었어요. 정확한 건 알 수 없지만, 인사 조치를 하기로 결정한 상태에서 그 근거를 찾기 위해서 사후적으로 직무감찰을 한 게 아닌가 생각됩니다.

결론이 먼저, 근거는 나중?

사는 게 드라마 같아요. (웃음) 제가 체육국장에서 경질되고 국립중앙박물관 대기발령을 받던 날, 감찰 보고서와 함께 이걸 받았어요. (서류를 내밀며) '2013년도 고위직 청렴도 평가 결과'인데, 유진룡 장관이 부임한 뒤 첫 내부 과제를 부패 청산으로 잡고, 실국장급 고위 간부에 대해서 직원들이 익명으로 평가하게 한 결과지요.

그가 내민 평가서에서 노태강의 종합점수는 10점 만점에 9.98이었

다. '부당이득 수수 금지'와 '건전한 공직풍토 조성' '직무수행 능력
및 민주적 리더십' 세 분야는 10점 만점이었고 모든 항목에서 평균점
수를 크게 웃돌았다.

문체부 직원들의 평가는 청와대 감찰 내용과 완전히 상반되는군요.
청와대 공직감찰이 이루어진 것과 비슷한 기간에 문체부 내부 평가
도 이뤄졌어요. 서로 극명하게 엇갈린 평가 결과와 인사조치를 동시
에 접하면서 정말 착잡했습니다. 전 제 선배, 동료와 후배 들이 제게
내린 이 평가를 제 공직생활에 대한 훈장으로 생각합니다. 소중하게
간직할 거예요.

술, 골프, 스키, 동문회는 멀리한다

누가 봐도 부당한 인사인데, 그 울화를 어떻게 삭이셨어요?
제 스트레스에 신경쓸 겨를이 없었어요. 유진룡 장관은 어떻게든 저
를 보호하려고 하셨는데 제가 극구 말렸습니다. 그러면 장관이 대통
령에 맞서는 꼴이 되고, 문체부 전체에 악영향이 올 수도 있는 상황
이라.

혼자서 술 좀 드셨겠어요.

나는 더 용감했어야 했다

술은 한 잔도 안 합니다. 원래 술이 잘 안 받는 체질이기도 하고, 공무원이 자제력을 잃으면 안 되는데, 술 먹으면 사고 치게 될까봐서. (웃음)

종교가 있으세요?
아뇨, 종교랑은 관계없고요. (웃음) 체육부 공무원으로 일하다보니, 골프랑 스키도 안 합니다. 1980~90년대만 해도 골프나 스키는 고급 스포츠여서…… '아예 저 세계는 가지 말자' 결심했죠.

체육행정 일하시는 분이 골프장 한 번 안 가셨다고요?
자기 돈 내고 가면 문제가 없는데 공무원 봉급으로 감당되는 것도 아니고…… 술 안 먹고 골프, 스키 안 하는 게 제가 공무원 생활 하는 데는 상당히 도움이 됐던 것 같아요.

명색이 TK 출신인데 학교 동문회에도 안 나간다고 소문났던데요?
제가 공무원 된 뒤로 동문회 행사는 한 번도 안 갔습니다. 회비도 낸 적 없고요. 모교 발전기금 안 낸다고 욕도 많이 먹었어요. (웃음) 아무리 좋은 뜻으로 한다 해도 그게 학벌주의고 결국은 패거리문화가 되기 쉽잖아요.

곧은 성격 때문에 오해를 받는 일도 있겠어요. 부인은 뭐라고 안 하세요?
저하고 가치관이 크게 다르지 않아요. 돈을 많이 벌라든가 출세하면

노태강

좋겠다는 욕심은 전혀 없어요. 성격은 저보다 훨씬 활달하고 융통성 있습니다만. (웃음) 저희가 경기도 파주의 단독주택 모인 마을에 사는데, 집사람은 동네도서관 일도 열심히 돕고 마을위원회 일을 맡아서 청소도 열심히 하고, 사람들한테 몸살림운동을 가르쳐주기도 하고, 저보다 더 바쁘게 살아요. 딸들도 사교육 열풍에서 자유로운 곳에서 학교 다니게 하고요.

부인과 두 딸 이야기를 하며 그의 얼굴에 옅은 미소가 번졌다. 그가 서른일곱 살에 휴직을 하고 독일로 자비유학을 갈 수 있었던 것도, 홀로 직장생활을 하며 학비를 대준 아내 덕분이었다. 2001년 그는 독일에서 '유럽연합의 초국가성과 개별 국가의 관련성'이란 주제로 박사학위를 받았다.

체육행정과 전혀 다른 분야네요. 고위 공직자쯤 되면 자기 현업 업무와 관련된 주제로 국내 대학원 행정학 같은 분야에서 박사학위를 받는 경우가 많은데, 왜 독일까지 가서 이렇게 어려운 주제를 택해 학위논문을 쓰셨습니까?
제가 그때 사십대를 앞둔 나이였는데, 대학, 대학원 때 배운 밑천이 거의 다 거덜났다는 생각이 들었어요. 뭔가 새로운 걸 충전해야 되는데 국내에서 하면 치열하게 공부하기 어려울 것 같고 학위 자체를 목적으로 하는 공부가 되어버릴 것 같아서…… 유학지로 독일을 택한 건 경제적인 이유가 컸습니다. 독일은 학비가 무료기 때문에 생활비

나는 더 용감했어야 했다

만 있으면 되는데 그때 계산으로, 저 혼자 아껴서 생활한다고 치면 한 달 50만 원만 있으면 가능하겠더라고요. 저희 집사람이 화장품 회사를 다니면서 저한테 매달 50만 원씩 보내주는 걸로 생활했어요.

따기 어려운 독일 박사학위까지 받으셨는데, 이참에 공직이 아닌 학계 쪽으로, 대학교수로 간다든가 하는 생각은 안 해보셨나요?
학교에서 일하고 싶다는 마음은 항상 있었습니다. 학생들 가르치는 걸 좋아하거든요. 근데 학교로 가더라도 공무원 경력을 이용해서 가는 건 좀 찜찜합니다. 교수가 되고 싶으면 시간강사에서 시작해서 학생들에게 뭔가 전해줄 만큼 경험을 쌓은 뒤에 지원하는 게 맞겠다는 생각을 했습니다.

본래의 얘기로 돌아와볼까요. 어쩌자고 좌천되어서 내려간 자리가 하필이면 국립중앙박물관 교육문화교류단장이었을까요? 거기서 프랑스 장식미술전 문제가 불거지는 바람에 또다시 대통령의 뜻을 거슬렀잖아요.
원래 그 전시는 2016년 한불수교 130주년 기념행사를 위해 프랑스측이 우리 박물관에 제안한 거였어요. 순조롭게 협조가 잘되고 있었는데 2015년 말에 전시품 리스트를 하나하나 확인하다보니 뭔가 이상한 거예요. 270점 가운데 52점이 시중에서 판매되는 제품이더라고요. 이게 파리국립장식미술관하고 '콜베르재단'이라고 불리는 곳이 같이 준비하는 행사였는데, 콜베르재단이란 게 프랑스 사치품회사들의 조

노태강

합입니다. 무슨 무슨 명품회사들 말이에요! 시판중인 고가 상품을 전시하는 것도 문제인데 전시회 기간중에 박물관에서 판촉행사까지 하겠다는 거예요. 김영나 관장님이 "학자적 양심을 걸고 받아들일 수 없다"라고 단호하게 얘기하셨고 학예직 공무원들도 "이건 무례한 일"이라며 거세게 반대했지요.

그러게요! 한국의 국립중앙박물관을 뭘로 보고!
근데 문체부와 청와대가 어떤 일이 있어도 이 전시를 성사시키라고 계속 압력을 넣는 거예요. 대통령 관심사항이라고.

단순히 대통령 취향과 관심 때문인가요? 이권이 걸려 있는 사안인가요?
글쎄요. 미르재단이 프랑스측하고 관계가 깊은 걸로 봐서 무슨 이권이 있었을 수도 있겠지요. 추정만 할 뿐이고요. 그보다도, 대통령이 관심을 보이면 문체부 장차관이건 교문수석실이건 누구도 안 된다는 얘길 못 하는 게 더 문제죠. 김영나 관장님이 "아무도 말을 못 하면 나라도 대통령 만나 얘기하겠다"라고 하실 정도였어요.

근데 대통령 독대는 무산되고 김영나 관장은 경질되었지요.
전 김영나 관장님 정말 존경합니다. 그 과정에서 한 번도 흔들림이 없으셨어요. 조선시대 선비정신이 바로 그런 모습이었을 거예요. 부끄럽지만, 저는 "대충 타협할 수도 있지 않겠느냐"라고 말씀드렸는데,

나는 더 용감했어야 했다

관장님은 "타협할 수 있는 게 아니다. 이건 우리의 정신에 대한 문제다"라고 딱 잘라 말씀하셨어요. 적어도 학자로서 공무를 담당할 때는 이런 자세가 필요하구나, 그걸 깨우쳐주는 롤모델이라고 전 느꼈습니다.

꿋꿋이 버텨준 이들 덕에 국제사회에서 웃음거리가 될 뻔한 전시는 피할 수 있었지만 이 일로 노태강에게는 다시 한번 미운털이 박혔다. 박물관으로 올 때는 좌천이었지만 이번엔 아예 사직 압력이 들어왔다. 그는 공무원법상 정년이 보장되는 '나'급 공무원이었지만, 스스로 사직하지 않으면 함께 일하는 과장이나 학예연구원들까지 징계당할 것이란 소문이 돌았다. 달리 도리가 없다고 생각했다. '같이 일한 직원들에게 피해가 가지 않도록 해달라'라는 조건을 걸고, 2016년 5월 사직서를 냈다.

나는 더 용감했어야 했다

사표 낸 거, 후회 안 하세요?
(긴 한숨) 당연히 후회하죠! 공무원으로 하고 싶었던 일을 못 하고 나왔으니…… 촛불집회 보면서, '내가 좀더 용감했어야 했는데' 싶었어요. 저로 인해서 피해 보게 될 문체부 동료나 후배만 생각했지, 우리

곁에 이렇게 같이 고민해주시는 국민들이 있다는 걸 몰랐으니까요.

몇 달만 더 버티셨으면 좋았을걸.

버틴다기보다 용감하게 대들었어야 했어요. 제가 유진룡 장관님을 존경하는 이유가 그분은 눈치 살피지 않고 정면으로 맞부딪친다는 점 때문이에요. 대학 때 한완상 교수가 쓴 『민중사회학』이란 책을 읽었는데, 한완상 교수가 사표 제출을 요구받았을 때, '사표 안 낸다, 차라리 날 파면시켜라' 하셨다는 대목이 가슴 깊이 남아 있어요. 전 그렇게 못 했죠. 언론에 당부드리고 싶은 말씀이 있는데, '제 사례를 상징 조작하지 않았으면 좋겠다'라는 거예요. 솔직히 전 불의에 대항하거나 소신 있게 저항한 사람이 아녜요. 그냥 공무원으로 당연히 해야 될 일을 한 것인데 이름이 노출된 것뿐이지요. 제가 사실보다 미화될까 봐 두렵습니다.

유의하겠습니다. (웃음) 공무원을 '영혼 없는 동물'이라고 부르는 사람들도 있어요. 위에서 시키면 뭐든 한다고.

'영혼 없는' 공무원은 위에서 시키는 일이 옳은지 그른지 의도적으로 판단을 안 하지요. 여러 가지 불이익을 고려해서 스스로 판단 능력을 차단하는 거예요. 국민들은 이런 공무원들이 미우시겠죠. 하지만 공무원들이 밉다고 그들이 가진 '공공성'까지 미워하면 안 됩니다. 일 안 하고 복지부동하는 공무원이 있으면 국민들이 당당하게 항의하고

나는 더 용감했어야 했다

따져야 하지만, 공무원들이 불합리한 지시에 대해 자유롭게 판단하고
자기 소신을 이야기할 수 있도록 우리 사회가 지켜줘야 해요.

구체적으로 어떻게요?

부당하게 공무원 신분을 박탈당할 때 공무원들은 어디 가서 하소연
할 데가 없어요. 공무원 신분보장에 대한 상징적 선언규정만 있지, 법
적·제도적으로 기댈 데가 하나도 없더라고요. 그들을 지원하고 보호
할 수 있는 장치가 필요하겠고요, 두번째로 공무원에 대한 평가와 감
시에 시민들이 개방적으로 참여할 수 있게 하면 좋겠어요. 지금도 그
런 절차가 있긴 한데, 누가 참여할지는 공무원들이 결정해요. 평가자
선정 자체를 민간에 맡겨서 운영되도록 하는 게 필요하지 않을까 생
각합니다.

부당한 업무지시와 양심적인 소신 사이에서 고민하는 공무원이 있다면 무
슨 얘길 해주고 싶으세요?

사람이 하는 결정은 어떤 결정이든 '잘못된' 결정일 수밖에 없다, 전
그렇게 생각해요. 어떤 식으로든 결정을 하고 나면 반드시 후회를 하
게 되거든요. 아, 이렇게 하지 말고 저렇게 할걸…… 하고요. 그런 고
민이 들 때, 그걸 공개해서 공식적으로 같이 논의하는 게 필요해요.
직급 상관없습니다. 전 공무원 생활할 때 업무상 고민이 있으면 담당
자 계급 안 따지고 누구에게든 찾아가 같이 얘기했어요. 왜냐하면 계

급이 높다는 건 그만큼 자세히 모른다는 얘기거든요. 개인적인 양심과 부당한 지시 사이에서 고민하는 사람은 어떤 정부에서든 많았을 겁니다. 그런데 박근혜정부의 문제는, 그런 고민을 같이 의논하고 해소할 수 있는 조직 분위기가 되지 못했다는 거죠. 의견이 다를 때 상사든 부하든 서로 설득하고 생각을 바꾸기도 하는 구조하고, 전혀 자기 의견을 말할 수 없는 구조의 차이는 굉장히 큰 거죠. 소통의 문제라고 봅니다.

공무원은 요즘 젊은이들이 가장 선망하는 직업입니다. 누적된 공시생(공무원시험 준비생) 숫자가 44만 명에 이르고 9급은 97대 1, 7급은 67대 1의 경쟁을 뚫어야 한대요. 공무원이 되길 꿈꾸는 젊은이들한테 한말씀 해주세요.
직업안정성 때문에 공무원을 택하려는 분들이 계시다면 반드시 후회할 겁니다. 직업안정성 보고 왔다가 인생의 안정성이 흔들릴 수 있어요.

무슨 뜻이죠? '철밥통'으로 불릴 만큼 공무원의 고용안정성이 높은 건 사실 아네요?
공무원이 고용안정성이 보장된 것 같아도 밖에서 보는 것과 달리 업무량이 과합니다. 정부가 예산 문제 때문에 필요한 인력만큼 고용을 못하거든요. 업무량은 과한데 모든 일이 다 주목받고 가치를 발하는 것도 아닙니다. 남이 알아주지 않고 고생만 하는 일도 굉장히 많아요.

나는 더 용감했어야 했다

삶의 가치관 자체가 공공지향적이지 않으면 이 일을 택한 걸 후회하게 될 겁니다. 이게 안정적인 직업인가, 반드시 회의가 들 거예요. 도전적이고 활력이 있는 친구들은 공무원보다는 민간기업으로 가는 게 맞습니다. 공무원의 역할이란 건 사회를 위해서 숙의적인 역할을 하는 거예요. 공무원이 되고 싶다면, 내가 정말 삶에서 뭘 원하는지 심각하게 고민을 한 다음에 택하시면 좋겠어요.

제가 오늘 인터뷰에서 빠뜨리지 않아야 할 얘기가 있다면요?
국민들 앞에 드러난 것 이상으로, 양심적으로 고민하고 저항했던 공무원들이 많다는 점을 기억해주세요. '이런 거 하면 안 됩니다' 하고 지시사항 거부하다가 산하기관으로 좌천된 직원들이 너무 많아서 나중엔 본부에서 근무할 사람이 없어 다시 부르는 사태까지 벌어졌어요. 물론 몇몇은 개인 욕심에 취해서 잘못한 이들도 있지만, 대부분의 공무원은 마지못해 일하면서도 양심의 가책을 느끼고 고민했어요. 그런 이들이 있어서 블랙리스트니 차은택 같은 존재가 밝혀질 수 있었던 거예요. 증거 없애라는데 안 없애고 언제든 밝혀져야 한다고 나름대로 준비를 한 거죠. 책임은 권한에 비례하는 것이니 고위직은 당당하게 자기 책임을 인정해야 하겠지만, 대다수 공무원들은 자기 위치에서 최선을 다했어요. 그들을 이해하고 격려해주세요.

노태강은 느릿느릿 말 한마디에도 신중을 기하고 표현을 절제하는 사람이었다. 감정에 치우쳐 혹여 책임지지 못할 말을 할까, 숙고하고 자중하는 것이 오랜 습관처럼 몸에 밴 사람 같았다. 그가 문체부 제 2차관에 기용된 뒤 쓴 칼럼을 읽으며 나는 그가 한 구절 한 구절을 얼마나 곱씹고 되새기며 적었을까 생각했다. 꼭꼭 눌러쓴 손글씨처 럼, 그의 글은 묵직하고 명료했다.

> 공무원의 특성은 맡은 일이나 신분의 공공성에 있다. 공무원은 숨쉬는 것 조차 공공성을 가져야 한다. (…) 공공행정에서 책임으로부터 자유로운 영역은 존재하지 않는다. '공무원으로서 상사의 지시사항을 이행하지 않을 수 없었다' '당시의 상황에서 부당한 지시를 거부해도 소용이 없었을 것'이라고 말한다. 그러나 중요한 것은 거부행위 그 자체였다. 또 '내가 하지 않더라도 또다른 사람이 해야 했을 것'이라고도 이야기한다. 그러나 내가 거부하지 않음으로써 거부하는 사람이 두 사람이 되고 세 사람이 되고 나아가 우리 모두가 될 수도 있었을 가능성을 처음부터 차단한 잘못은 어쩔 것인가. 자신을 배신하지 않는 일이 가장 중요한 일이다. 공무원이 공무원일 수 있는 것은 국민이 공무원을 공무원으로 인정하기 때문이다. 그래서 공무원의 충성 대상이 되는 것은 국민이다. (노태강, 앞의 글에서)

전 문화체육관광부 체육국장. 현 문화체육관광부
제2차관.
많은 국민들이 그의 공직 복귀를 환영하고 축하
했지만 정작 그는 '더 용감하게 대들지 못한 것
이 부끄럽다'고 말한다. 공무원은 언제 어떤 상
황에서도 그가 충성을 바칠 대상이 국민이라는
점을 잊어서는 안 된다고.

덤덤하게 살기 위한 단호함

임순례

"〈와이키키 브라더스〉를 보고 나서 지하철에서
나물 파는 할머니들, 청소하는 미화원들,
먹이를 찾아서 길거리를 헤매는 비둘기 같은
존재들에 대해서 다시 보게 됐다."
제가 영화를 통해서 관객에게 받고 싶은 피드백은
아마 이런 종류일 것 같아요.

이번 인터뷰는 밋밋하고 덤덤하다. 사이다처럼 톡 쏘는 맛도, 청양고추처럼 맵싸한 한 방도 없다. 치열하게 각축하고 불꽃을 튕기며 돌아가는 세상에서, 과하게 뜨겁거나 차갑거나 매콤하거나 새콤하지 않은 뭉근한 맛은 오히려 귀하다. 매 순간 사생결단하고 내달리는 일상, 비수 같은 말의 홍수 속에 기진맥진할 때, 뜨듯한 숭늉처럼 속을 풀어줄 것 같은 사람을 만났다. 서울 성수동의 한 사무실 앞에서 그가 빙긋이 웃음 띤 얼굴로 느릿느릿 차에서 내렸을 때, 나는 그와 초면인데도 전혀 낯설지 않았다. 덥수룩한 짧은 머리, 헐렁한 검정 재킷에 검은 운동화를 신은 임순례 감독은 오랫동안 알고 지내던 옆집 언니처럼 친근하고 편안했다.

임순례는 예술적 성취와 상업적 성공, 양 측면에서 모두 기량을 인정받는 대한민국의 대표 영화감독 가운데 한 사람이다. 1994년 데뷔작 〈우중산책〉으로 서울단편영화제 대상을 수상했고, 2002년 〈와이키키 브라더스〉로 백상예술대상 작품상을, 2008년 〈우리 생애 최고의 순간〉(이후 〈우생순〉)으로 청룡영화상 최우수작품상을 수상했다. 2009년 이후 지금까지 동물권행동 '카라'(KARA · Korea Animal Rights Advocates)의 대표를 맡아, 우리 사회에 생소하던 동물권 보호운동을 확산시킨 열혈 활동가이기도 하다. 거대 자본과 화려한 스타덤이 지배하는 영화계에서나, 치열한 시민운동의 한가운데에서나, 그는 수더분한 촌부처럼 한결같아 보인다. 그 듬직함과 담담함은 어떻게 가능할까. 세속에 있으나 명리에 물들지 않고, 자연에 있으나 세상사를 외면하지 않는 그의 한결같음이 나는 궁금하고 경이로웠다. 네 시간에 걸친 인터뷰 동안 그가 높지도 낮지도 않은 어조로 담담하게 자신의 인생과 영화와 생명에 대해 이야기할 때, 내 심박동도 그의 말투에 맞춰 느긋해지는 것 같았다. 그의 주파수에 기대어, 온갖 부대끼던 것들로부터 잠시 놓여난 듯 고즈넉한 시간이었다.

집이 양평이시죠? 서울엔 자주 나오시나요?

2005년부터 거기서 사는데, 처음엔 일주일에 두세 번만 서울 나오면 되겠지 했어요. 그때까지는 영화 만드는 간격이 길었거든요. 〈세 친구〉에서 〈와이키키 브라더스〉까지 4년 걸렸고, 〈와이키키 브라더스〉에서 〈우생순〉까지 8년 걸렸으니까. 근데 〈우생순〉이 어느 정도 대중적인 성공을 거두게 되면서 영화를 이전보다 자주 만들게 되고, 2009년부터 카라를 맡게 되면서 서울 나올 일이 부쩍 많아졌어요. 지금은 주중엔 거의 매일 나오고요. 주말에도 나오는 경우가 왕왕 있어요.

최근에 〈리틀 포레스트〉 촬영을 끝내고 후반 작업중이라고요.

편집 작업을 하고 있어요. 봄에 개봉해요.

일본 원작이라던데, 어떤 영화예요?

일본 만화가 원작인데, 한 젊은 여자가 시골에 들어가서 사시사철 집
주변에서 나는 작물을 가지고 요리 해먹는 이야기, 그러면서 서서히
마을의 일원이 되는 얘기예요. 만화로는 사실 그렇게 큰 반향을 일으
키지 않았는데 그걸 일본에서 두 계절씩 묶어서 1, 2편 영화로 개봉하
면서 2015년에 한국에도 소개되었죠.

그 영화를 보셨나요?

제가 감독한 〈제보자〉의 제작자가 개인적으로 힘든 시기에 우연찮게
그 영화를 보고 굉장히 힐링을 받았다면서 저한테 감독 제안을 했어
요. 제가 양평에 살고 있으니 그런 자연주의적인 시골생활을 잘 알 거
라면서요. 사실 요즘 자극적인 영화들이 많잖아요. 뭔가를 부수고 때
리고 죽이고…… 그래서 저도 사람들한테 소소한 삶의 즐거움이나
힐링의 지혜를 주는 작은 영화를 해보고 싶단 생각이 있었어요. 영화
에 사계절을 다 담아야 해서 지난겨울부터 이번 가을까지 촬영에만
고스란히 1년을 들였어요. 영화 기획부터 개봉까지 햇수로 한 3년 정
도 걸린 긴 프로젝트죠.

대작이네요. (웃음)

덤덤하게 살기 위한 단호함

대작이죠. (웃음)

사계절이 다 담긴다는 게 이 영화의 중요한 포맷인 거 같은데 사실 도시 사람들은 계절이 오는지 가는지도 잘 모르고, 그저 아침에 추우면 외투 입고 더우면 벗고 하는 정도거든요. 감독님처럼 시골에 살면 사계절의 변화라고 하는 게 정말 체감이 되나요?

그럼요. 몸으로 느끼죠. 절기가 정말 절묘하다는 걸 시골 살면서 실감해요. 마당에 잔디가 있는데 '풀 뽑고 돌아서면 또 자란다'라는 옛말 그대로더라고요. 어제 뽑았는데 자고 나면 또 이만큼 올라와 있어요. 그런데 희한하게 처서가 지나면 풀이 잘 안 자라요. 처서, 상강, 우수, 경칩, 하지, 동지, 이런 절기들이 농사짓는 데 얼마나 절묘하게 딱딱 맞아떨어지는지 굉장히 신기하죠.

직접 텃밭도 하세요?

텃밭은 늘 하죠. 제대로 된 농사가 아니고 형편껏 흉내만 내는 거라서 농사짓는 분들이 보면 우습겠지만. (웃음) 상추, 고추, 방울토마토, 오이, 가지, 호박…… 가을엔 김장배추도 심어요.

그 배추로 직접 김장을 하세요?

뽑아서 저희 본가에 가져다주고 김치를 얻어 오죠. (웃음)

원료를 공급하고 완제품을 받아 오는군요. (웃음)

김장배추는 8월 말 9월 초에 심어야 하는데, 마침 그때 제게 바쁜 일이 생겨서 좀 늦게 심었다가 망했어요. 채 자라지도 못하고 얼어버린 거죠.

저도 잠시 주말농사를 해봤는데 일주일 늦게 심으면 일주일 늦게 수확되는 게 아니더라고요. (웃음) 내내 비리비리하다가 죽죠. 농사는 약속을 미룰 수 있는 게 아니구나 싶었어요.

맞아요. 그래서 농사짓는 분들이 융통성이 없다 할 정도로 절기에 딱딱 맞춰서 일하는 거예요. 그럴 수밖에 없겠더라고요. 농촌 살면 신체 리듬에도 변화가 생겨요. 시골로 이사 간 뒤, 아무리 늦게 잠들어도 아침 일찍 깨게 돼요.

영화 하는 분들은 보통 밤늦게까지 일하고 늦게 일어나는 편 아닌가요?

그렇죠. 야행성이죠. 아침에 제가 문자 주고받을 수 있는 분들은 다 스님들뿐이에요. 새벽 5시고 6시고 카톡 보내시는 분들. (웃음)

양평에서 서울을 오가는 생활이 고단하지만 그는 다시 서울로 돌아올 생각이 없다. 지난해 벌 알레르기로 호흡곤란까지 가서 죽을 뻔한 위기를 겪으면서도 달라지지 않았다. 대신 그의 '패션'에 변화가 생겼다. 벌이 검은색을 보면 산짐승으로 알고 공격하는 성향이 있다는 소

덤덤하게 살기 위한 단호함

릴 들고 이제 마당에 나가 일할 때는 평소 트레이드마크인 검은 옷 대신 밝은색 옷을 걸친다. 임순례는 자연의 색깔과 냄새를 자신에게 한 겹 한 겹 덧입히는 중이다.

못나고 사랑스러운 루저들의 추억

임순례 영화를 두루 좋아하지만, 그간의 필모그래피를 보면 감독의 영화적 개성을 한마디로 규정하기 어렵다는 생각이 듭니다. 〈세 친구〉나 〈와이키키 브라더스〉 같은 비주류 아웃사이더들의 얘기가 있는가 하면, 〈소와 함께 여행하는 법〉 〈리틀 포레스트〉 같은 자연친화적이고 관조적인 작품이 있고, 〈우생순〉처럼 대중성 높은 인간승리 스토리나 〈제보자〉 같은 사회고발 영화도 있어요. 장르나 소재는 다양하지만 그걸 관통하는 임순례표 영화의 특징이 있다면 어떤 걸까요?

글쎄요. 이건 영화평론가가 해야 될 얘기인데. (웃음) 기본적으로 저는 사회적 약자나 비주류적인 정서에 관심이 있고, 동물이나 자연친화적인 것을 좋아해서 인간 군상을 선악 구도로 전형화하는 건 별로 안 좋아하는 편이에요. 사회 정의에 대한 관심은 있지만, 칼로 자르듯이 이 사람은 나쁜 사람, 이 사람은 좋은 사람, 이렇게 가르고 싶지도 않고요.

영화 〈제보자〉에서 황우석을 모델로 한 이장한 박사가 전형적인 악인으로 그려지지 않은 것도 그런 맥락이군요. "너무 멀리 와서 멈출 수 없다"라는 대사가 공감과 연민을 자아냈어요. 악인이라기보단 어리석거나 용기가 없어서 파멸을 자초하는 불쌍한 인간으로 보이죠.

그 사람도 누군가에겐 다정한 아버지이고 친구일 수 있으니까요. 극단적인 미움에 매몰되기보다는 인간의 다양한 측면을 들여다볼 필요가 있을 것 같아요.

감독님의 약력으로만 보면 한양대 영문과 졸업, 파리8대학 영화학 석사. 번듯하고 화려한 스펙인데, 작품마다 사회적 약자나 루저들에 대한 애정과 연민이 짙게 투사됩니다. 이유가 뭐죠?

두 가지인 것 같아요. 제 성장환경과 불교. 어려서 인천의 변두리, 거의 농촌에 가까운 동네에서 살았어요. 인천 토박이들이 아니라 인천에 돈 벌려고 충청도 전라도 경상도 외지에서 온 사람들이 모여 사는 굉장히 가난한 동네였죠. 저희 아버지는 부평 미군부대 노무자였고, 이웃들도 대부분 그런 노가다, 일용노동자들로 다 고만고만하게 살았어요. 아버지들은 맨날 술 드시고 폭력 쓰고, 엄마랑 아이들은 그런 폭력에 늘 불안해하고. 그렇지만 가난한 사람끼리 모여서 사니까 정도 많았어요. 제가 두 살 터울로 줄줄이 5남매 중 막내였는데 우리집에 세 사는 집 형제가 또 두 살 터울로 5남매였죠. 우리하고 한 살씩 엇갈려가면서. (웃음)

덤덤하게 살기 위한 단호함

그럼 한 지붕 아래 사는 아이들이 연년생으로 열 명?

작은 고아원이라고 해야 되나? (웃음) 고만고만한 애들이 열 명 있고 같은 동네 사는 사촌들이 또 열 명이 넘고 했으니까. 굉장한 공동체였죠. 가난하고 평범하고 어리석고 부족하지만 비슷한 이들끼리 얽혀서 사는 모습을 보면서 그들에 대한 애정이 형성된 부분이 있어요.

또 하나는, 불교라고요?

네. 우리집이 원래 천주교 집안이에요. 5대조 할아버지부터 천주교 박해를 피해서 보령에서 서산 해미로 숨어들어갈 만큼 믿음이 강해서 집안에 수녀님, 신부님도 많고요. 저도 중학교까진 성당을 다녔는데 나이들면서 불교적인 세계관에 끌리게 되었죠. 존재와 존재 사이에 차별이 없고, 잘났건 못났건, 인간이든 동물이든 차별 없이 연결되어 있다는 말씀이 인상적이었어요. 제가 영화에서 평범한 군상에 주목하는 건 그런 불교적인 세계관하고 연관이 있지 않을까 싶어요.

가난한 달동네 출신이어도 자신의 사회적 지위가 높아지면, 가난에서 빠져 나오지 못한 이들을 경멸하고 무시하는 경우가 적지 않아요.

제가 큰 성공을 거둔 적도 없지만 만약에 큰 성공을 거뒀다고 하더라도 그런 데는 좀 둔감한 캐릭터라서…… 성공이나 좌절에 크게 일희일비하지 않아요. 더구나 시골에서, 자연 속에서 살다보니 그런가, 세속적인 부침에 별로 영향을 안 받는 편이죠.

불우한 환경에서 깊은 열등감을 갖고 성장한 사람일수록 사회적 인정욕구
나 과시욕에 사로잡히기 쉬운데, 그런 태산 같은 자존감은 어디서 나온 건
가요?

제가 태생적으로 둔해서 그런 거 아닐까요? (웃음) 잘되는 것도 물거
품 같은 거고, 못 되는 것도 다 나쁜 것만은 아니란 생각을 해요. 좋은
일에도 마가 끼고, 나쁜 일에도 교훈이 있어요. 모든 일엔 다 이면이
있으니까요.

모든 일에는 이면이 있다

모든 일엔 이면이 있다. 그의 부모는 경제적으로 무능했고 자식 교
육에 무관심했다. 그러나 특별한 지원이 없는 대신 특별한 간섭도
없었다. 무던한 부모와 형제들은 임순례가 무엇을 결심하든, 무엇을
선택하든 만류하지 않았고 그가 아무 계획 없이 무위도식할 때에도
성화를 부리지 않았다. 집안에 동화책은 한 권도 없고, 고2 때 처음
TV를 들여놓을 만큼 지적, 문화적으로 황폐한 환경이었지만, 그런
지적 허기 덕에 중학교 도서관에 즐비한 책을 보는 순간 임순례는
보물창고라도 발견한 듯이 무서운 집중력으로 책들을 탐독하기 시
작했다.

모든 일엔 이면이 있다. 수업시간에도 소설책만 읽는 통에 임순례

덤덤하게 살기 위한 단호함

의 고등학교 학업 성적은 형편없이 떨어져서 고3 때는 360명 중에 353등이 되었고, 도저히 학교 수업을 따라갈 수 없었지만 취업반에 가서 미용이나 타자를 배우기도 싫었던 그는 결국 고3 때 학교를 자퇴하고 나와버렸다. 그때도 부모는 그를 크게 나무라지 않았다.

지금이야 홈스쿨링하는 학생도 많고 탈학교 청소년 프로그램도 많이 생겼지만, 그때만 해도 학비가 없어 그만두거나 사고를 쳐서 잘리는 경우를 제외하곤 고등학생이 자퇴하는 경우가 거의 없었어요. 더구나 여고생이 자퇴를 한다는 건 굉장히 파격적인 일이었을 텐데요.

제가 성격이 조용하고 잘 순응하는 편인데 뭔가 억압이 쌓이면 갑자기 극단적인 결정을 하는 경향이 있어요. 그때그때 합리적으로 해결하지 않고, 참을 수 있는 만큼 쭉 참다가 더이상 참을 수 없다 싶으면 나름의 결심을 하고, 또 그것만큼은 무슨 일이 생겨도 관철시키고 마는 성격이죠. 고3이 되니까 입시를 위한 전시체제가 되는데, 지각을 해도, 떠들어도, 준비물을 안 챙겨가도 학교에서 듣는 말은 딱 한 가지예요. '너, 그래서 대학 가겠니?' 그런 분위기에 반발심이 쌓인데다가 3학년 첫 시험에서 360명 중에 353등을 했으니…… (웃음)

그래도 아래로 7명이나 두셨는데요. (웃음)

학교에서 전교생 이름을 등수별로 쫙 붙여놨더라고요. 1등부터 360등까지…… 당연히 1등은 아니겠지만 누구든 앞부분부터 볼

거 아니에요. 내 이름이 어디 갔지, 설마 여기쯤엔 있겠지…… 있겠지…… 근데 한참 내려가서 353등에 있더라고요. (웃음) 내 수준으론 도저히 진도를 따라가지 못하겠구나 싶어서 학교 관두고 내 페이스대로 독학을 해야겠다 맘먹었어요.

그래서 자퇴하곤 이를 갈고 공부했나요?

처음엔 그러려고 했죠. 계획표도 짜고. 근데 아무도 통제하는 사람이 없다보니까 공부가 안 되죠. 집에서 2년 동안 뒹굴뒹굴 놀고먹으면서 소설책, 만화책만 봤어요. 그때 찐 살이 아직 안 빠진 거예요. (웃음)

참 막막했겠어요.

아뇨. 그 생활이 딱 적성에 맞더라고요. (웃음) 한평생 이렇게 살 수 있으면 얼마나 좋을까. 친구들은 대학교 2학년 올라가는데 전 아무 위기의식도 없었어요. 아, 이렇게 평생 살면 너무 행복하겠다!

근데 대학엔 왜 갔어요?

'이 생활이 정말 행복한데 평생을 이렇게 살 수 있을까?' 생각해보니 안 될 것 같더라고요. 우리집이 부자가 아니니 돈을 벌어야 할 텐데, 고교 중퇴 학력으로 할 수 있는 일이 뭘까 생각해봤죠. 내가 학교도 다니기 싫어한 사람인데 공장엔 열심히 다닐 수 있을까? 그럴 리가 없잖아요. 그래서 좀 시간 여유 있는 직장을 다니려면 취직 잘되는 영

덤덤하게 살기 위한 단호함

문과를 가야겠다 생각했어요. 취직하려고 대학 간 거죠.

그동안 쌓아둔 독서력 덕분인지 머리가 좋은 덕인지, 바라던 대로 1981년 한양대 영문과에 입학했다. 그러나 정작 영문과 졸업생으로 취직자리를 구해야 할 때 그는 다른 선택을 했다. 대학 3학년 때 프랑스문화원에서 상영하는 영화를 보면서부터 매료된 새로운 세계, 임순례는 취직자리를 구하는 대신 한양대 연극영화과 대학원에 진학했다.

그 결정도 부모님과 상관없이 혼자 내린 건가요?
네, 제가 고등학교를 그만둬봤잖아요. 지금 내가 진짜 원하는 건 영화인데, 현실과 타협해서 일반 회사에 취직을 한다 해도 끝까지 다니지는 못할 것 같더라고요. 고등학교 그만두고 나오듯이 중도에 그만두고 나와서 진로를 바꾸지 않을까. 영화는 앞이 안 보이지만 그래도 내가 끝까지 할 수 있는 일 같았고요. 고등학교 자퇴하고 2년을 허송세월한 덕에 인생의 또다른 허송세월을 막을 수 있었죠.

모든 일엔 이면이 있다. 그렇게 호기 부리고 들어간 대학원에서 임순례는 크게 낙담했다. 영화 관련 대학원 과정이 아직 학문적으로 체계화되지 못한 때였다. 학생도 적고, 수강할 수 있는 과목의 선택 범위도 적고, 무엇보다도 원서 교재에 나오는 영화를 실제로 보기가 어려

웠다. 책으로만 보는 영화 공부가 무슨 소용이람? 이렇게 공부할 바
엔 파리에 가서 영화나 실컷 보고 오리라! 1988년에 가서 1992년 귀
국할 때까지 파리에 머무는 동안 그는 어림잡아 1000여 편의 영화를
봤다. 맘껏 영화를 보기 위해선 학교에 적을 둬야 했고, 학교에 다니
기 위해 '학위는 곁다리로' 했다. 파리8대학 석사를 마치고 돌아온 뒤
임순례는 1994년 데뷔작 〈우중산책〉을 내놨고 이 작품으로 제1회 서
울단편영화제 대상 및 젊은비평가상을 수상했다. 역시 모든 일엔 이
면이 있다.

**저도 나이들면서 왠지 과거의 모든 일들이 현재에 이르기 위해 예정되어 있
었던 게 아닌가 싶은 생각이 들 때가 있습니다. 우여곡절 끝에 결국 영화감
독이 되신 것처럼 말이죠.**
나쁜 일에 나쁜 것만 있는 게 아니고 굉장히 다채로운 요소가 있다니
까요. 제가 고등학교 2년 동안 허송세월을 했지만 그런 허송세월을
겪어봤기 때문에 또다른 허송세월을 막을 수 있었던 거고요. 고등학
교를 졸업하지 않고 주류에서 이탈해본 경험 덕분에 비주류에 속하
는 다른 사람들을 이해하고 그리는 데 큰 도움을 받은 것 같아요. 굉
장히 좌절스러운 일이 있다 해도 반드시 그 안에 긍정적인 면이 있다
는 생각을 해요.

근데, 지금까지 들려주신 십대, 이십대 인생 얘기에서 연애 얘기는 한 번도

덤덤하게 살기 위한 단호함

안 나옵니다.

연애를 안 했으니까요.

이십대에 연애를 한 번도 안 했다고요? 짝사랑도 안 했어요?

원래 관심이 없어요. 내가 예닐곱 살 때 옆방 친구랑 수돗가에서 하던 얘기를 부모님이 기억하고 나중에 들려줬는데요. 그 친구가 '난 커서 ○○이랑 결혼할 거야' 하니까 내가 '난 커서 결혼 안 할 거야' 그랬대요. (웃음) 그때부터 그런 생각을 했나봐요.

전생에 스님이셨나봐요. (웃음)

그랬을 수도 있고. (웃음) 제겐 기본적으로 관계의 불안정성, 불연속성에 대한 생각이 늘 있었던 것 같아요. 아무리 견고한 관계도, 부모자식 관계든, 친구 관계든, 연인 관계든, 언젠가는 변하고 깨질 것이란 생각. 관계에 항상성이 없다는 생각이 늘 있어서인가, 연애 같은 데 큰 관심이 없었던 것 같아요.

평범한 소시민들은 피곤한 일상에서 벗어나고 싶을 때 선남선녀가 나오는 달달한 로맨스로 판타지를 충족시키거나, 터뜨리고 추격하는 액션물로 스트레스를 풀곤 합니다. 임순례 영화에선 상당히 절제되는 요소들 아닌가요? 관객들이 감독님 영화를 보고 어떤 걸 얻으면 좋을까요?

예전에는 인터넷이 발달하지 않았으니까 피드백이 한참 있다가 오는데 〈와이키키 브라더스〉 감상평 중에 누군가 이런 의견을 올린 걸 봤습니다. "〈와이키키〉를 보고 나서 지하철에서 나물 파는 할머니들, 청소하는 미화원들, 먹이를 찾아서 길거리를 헤매는 비둘기 같은 존재들에 대해서 다시 보게 됐다"고요. 제가 영화를 통해서 관객에게 받고 싶은 피드백은 아마 이런 종류일 것 같아요. 관객들이 제 영화를 보고서, 나와 다른 존재들에 대해서 연민을 갖거나 이해의 폭을 넓히면 좋겠다는 생각을 늘 합니다. 나이가 들수록, 영화를 만들면 만들수록 그게 쉬운 게 아니라는 생각이 들지만, 애초에 기본적으로 갖고 있던 생각은 그런 거예요.

나와 다른 존재들에 대한 연민

'나와 다른 존재, 다른 생명들에 대한 연민과 이해.' 영화감독 임순례가 동물권행동 카라의 대표로 일하는 것도 같은 이유일 것이다. 카라는 2006년 설립된 이후, 반려동물, 야생동물 보호를 주장하며 개 식용 반대, 동물실험 반대, 동물쇼 반대 등 다양한 활동을 펼쳐온 비영리 시민단체다. 살충제 계란이나 구제역, 조류독감 등과 같은 공장형 축산의 문제가 연달아 터지면서 카라에서 제기하는 동물복지에 대한 사회적 관심이 전례없이 높아지는 추세다.

동물권에 관심을 가지기 시작한 건 언제부터였어요?

동물권에 대한 관심이라기보다, 어려서부터 동물을 굉장히 좋아했어요. 유달리 개나 고양이를 좋아해서 제가 포대기에 업고 다닌 애도 있었고요. (웃음) 아주 별났어요. 그때만 해도 개들을 동네에서 다 풀어놓고 키웠거든요. 제가 온 동네 개들을 다 좋아하니까, 제가 학교에서 돌아올 때가 되면 저만치서 개 한 마리가 절 향해 뛰어와요. 그럼 온 동네 개들이 떼를 지어서 저한테 달려오는 거예요. 동네 개들이 떼로 몰려가면, 우리 어머니는 '아, 우리 딸이 오는구나' 하셨대요.

상상만으로도 행복해 보이는 풍경이에요.

그런데 어느 해 여름에 동네 분들이 개들을 목매달아놓고 가마솥 걸어서 마을 잔치를 하는 걸 봤어요. 그게 저한텐 엄청난 트라우마가 되었죠. 잊히지 않는 큰 상처로 남아서 언젠가 나이들어 시간이 남으면 동물보호단체에서 자원봉사나 하면서 살면 좋겠다 생각했어요. 그래도 동물보호단체 대표를 맡을 거라곤 상상도 못 했죠.

카라와는 어떻게 인연이 닿은 거죠?

마당 있는 집에서 진돗개를 키우고 싶단 로망이 항상 저에게 있었어요. 개를 키우기 위해 일부러 마당 있는 집을 찾아서 남양주로, 성북동으로 전세를 얻어서 다녔죠. 그렇게 성북동으로 이사를 와서 살 때인데, 어느 날 우리집 백구가 집을 나가서 돌아오지 않는 거예요. 사방팔방으로 미친듯이 찾으러 다녔는데 그때 처음으로 카라의 전신인 '아름품'(2002~2006)이란 단체를 알게 되었어요. 아름품의 열혈 운영위원 하나가 저를 도와서 백구를 구조하러 다녔거든요. 결국 백구는 못 찾았지만 그 일을 계기로 카라에 명예이사로 이름을 올렸죠. 근데 2년 후에 카라 대표를 맡아달라고 하더라고요. 영화감독을 하면서 단체 대표 일을 병행하는 건 어렵겠다고 생각해서 거절했죠.

근데 어떻게 생각이 바뀌었어요?
2008년에 〈우생순〉 개봉한 뒤 달라이라마 법회를 들으러 다람살라로 갔어요. 한국에서 영화를 막 상영하고 있는데 제가 떠난 거예요.

그럴 땐 감독이 자리를 지켜야 하는 거 아녜요? 무대인사도 다니고 홍보도 해야 하고.
맞아요. 근데 〈우생순〉이 손익분기점 넘기는 거 보고 '내가 할 일은 끝났다' 하고 가버린 거예요. 영화가 손익분기점을 넘기면 여기저기 제작자들로부터 다음 영화 하자고 전화가 오는데 딱 그 타이밍에 법회를 듣겠다고 떠난 거죠.

그 정도로 달라이라마 법회에 가고 싶으셨군요.
달라이라마가 열흘간 법회를 하시는데 이런 말씀을 하셨어요. '아무리 수행을 하고 깊은 깨달음을 얻었다 해도 그것이 실천과 연결되지 않으면 완벽한 깨달음이라고 할 수 없다'라고요. 새로운 말씀은 아닌데 가슴에 깊이 꽂혔어요. 그래서 카라에 대해서 다시 생각해본 거죠. 10년 후쯤 영화를 덜 만들고 여유가 생길 때쯤이면 대표를 맡을 수 있겠다고 말했지만, 10년 후에 무슨 일이 생길지 알 수 없잖아요. 동물에 대한 내 관심이 시들해질 수도 있고 이들이 나를 더이상 필요로 하지 않을 수도 있고 내가 지명도 없는 사람이 되어 도와주려야 도와줄 수 없을 수도 있고…… 미루지 말고, 이들이 가장 나를 원할 때 나서보자 생각했어요.

카라나 여러 동물보호단체에서 동물복지에 대해서 이야기합니다만, '어차피 모든 사람이 채식주의자가 되지 않는 이상 동물을 키워서 잡아먹을 수밖에 없는데, 먹기 위해 키우는 동물에게 복지를 제공한다는 게 무슨 의미냐?' 하고 반문하는 사람들이 있어요. 뭐라고 답하시겠어요?

동물이 6개월을 살든 1년을 살든 살아 있는 동안 생명으로서 최소한의 대우를 하자는 거죠. 깨끗한 물과 음식, 적절한 치료, 그리고 동물 본연의 본성이라는 게 있거든요. 닭은 모래목욕을 해야 되고 횃대에 앉아야 되고 깃털을 골라야 돼요. 이게 조류의 기본 습성인데 그게 다 차단되어 있잖아요. 돼지도 움직일 공간이 있어야 되는데 전혀 움직이지 못하게 하고 밀집식 공장 축산을 하면서 유전자변형 옥수수 같은 걸 먹이고 항생제와 성장호르몬을 투여하고. 그게 결국 다 사람한테 돌아오는 거잖아요. 유럽연합은 이미 화장품 동물실험을 금지하고, 배터리 케이지(양계용 철제감금틀)나 돼지를 가두는 스톨을 철폐하는 법을 제정했고요. 인도 같은 나라에서도 야생동물쇼를 법으로 금지했어요.

이런 얘기 나올 때마다 동물이 인간보다 중하냐, 동물복지보다 농축산인들의 생업이 더 중요하다고 반박하는 사람들이 있습니다.

사람의 복지를 뺏어다가 동물권을 강화하는 게 아니죠. 생명 존중에 대한 배려나 감수성이 상승하면 인권감수성도 더 발전하고 개선될 수 있어요. 동물권과 인권을 대립시키는 건 어리석은 생각이죠.

요즘 젊은 세대는 동물권에 대해 이전 세대와는 달리 굉장히 진일보한 생각을 갖고 있는 것 같아요.

우리나라에 대규모 아파트단지가 들어선 게 1980년대 초중반부터잖아요. 이 80년대 세대들이 반려동물을 집안으로 들이고 자란 첫 세대예요. 바깥에서 따로 키우는 게 아니라 가족의 일원이 된 거죠. 24시간 같이 먹고 자고 교감을 하니까. 그 세대가 저희 카라뿐 아니라 동물보호단체 회원들의 거의 대부분을 차지하고 있어요. 그 세대가 사회 주도층이 되면 확실히 문화는 많이 달라질 거라고 기대하고 있죠.

모든 동물에겐 그 본연의 본성이 있다고 하셨죠? 인간 본연의 본성은 뭘까요?

덤덤하게 살기 위한 단호함

글쎄요, 저도 그 해답을 알지 못해요. 새면 새, 돼지면 돼지가 오랜 시간 살아온 본연의 습성이 있듯이 인간에게도 그런 본연의 것들이 있을 텐데 그게 뭘까요? 불교에서 가장 기본적인 사상은 자비와 지혜예요. 나 아닌 타인에게 자비를 베푸는 건 결국 나 자신에게 베푸는 것과 같다고 보죠. 나와 타인이 명백히 구별되는 존재가 아니라고 보니까요. 우리가 깨달음을 얻기 위해서는 지혜도 필요한데, 지혜와 자비의 양날을 견지하면서 인간 본연의 존엄과 품위를 거스르지 않고 사는 게 가장 좋은 삶이 아닐까요? 지혜와 자비가 서로 배치되는 게 아닌데, 이 두 가지를 겸비하고 균형을 유지하는 게 쉽지 않죠. 그게 저한테도 늘 화두예요.

앞으로 살면서 꼭 이루고 싶은 일이나 계획이 있나요?
나이들어서 뭘 하고 싶다라는 게 머릿속에 있기는 한데, 어떤 구체적인 계획이 있는 건 아니고 그걸 강력하게 성취하고 싶은 것도 아녜요. 여러 가지 조건들이 자연스럽게 합쳐져서 일이 진행되면 지금 제가 기획하는 게 될 수도 있고요. 그게 안 된다고 해도 아무렇지도 않고 그걸로 만족하고요. (웃음)

지금까지 많은 일을 벌이고 이루고 도모해왔지만 임순례는 그 어떤 것에도 집착하거나 일희일비하지 않는다. 모든 생명은 연결되어 있고 순환한다는 믿음. 모든 살아 숨쉬는 존재에 대한 경배와 연민. 그

너르고 큰 자연의 섭리 안에서 소소한 행운과 불운에 덤덤해지는 데
에는 단호함이 필요하다. 그 단호함이란, 꼭 날카롭고 무거운 것이 아
니고 한없이 따스하고 부드러울 수 있다는 걸 난 임순례 감독을 통해
본 듯하다.

덤덤하게 살기 위한 단호함

영화감독. 동물권행동 카라의 대표.
인생의 굽이마다 이면이 있더라고 그는 말한다.
불운과 행운은 동전의 양면처럼, 매번 뒤집히는
방향은 다르지만 서로 붙어다니며 다음 수를 예
비한다. 성공과 실패, 선과 악으로 삶을 구분하
는 것은 부질없다. 임순례는 모든 생명은 연결되
어 순환한다고 믿는다. 얄팍하게 일희일비하지
않는 굳건함으로, 그는 자연의 섭리를 배우며 실
천하고자 한다.

2부

상처의 자리를 끌어안다

다섯
번째 · 순간

대한민국 꼰대의 삶 속에서
나를 읽는다

최현숙

한국의 가난한 노인들은
자기의 시선으로 자기를 바라보기보다는,
가진 자들, 배운 자들의 시선과 평가를 좇아서
그걸 자기정체성으로 내면화하는 경향이 있어요.
많이 배운 사람들, 권력을 가진 사람들의 말을 모방해서
자기를 평가하고, 그 잣대로 세상을 보죠.

"박 대통령은 당장 계엄을 선포해 빨갱이들을 모조리 잡아넣어야 한다."
"대통령이 하야할 만큼 큰 죄 지은 거 없다."

2016년 11월 12일 서울 광화문광장 일대에 100만 명 이상이 운집해서 사상 최대의 촛불집회를 벌이던 날, 여의도 국회의사당 앞에선 보수단체 회원들 700여 명이 모여 '박근혜퇴진반대집회'를 열었다. '임기보장' '국가수호' 같은 손팻말을 흔들며 "종북좌파를 때려잡자"라고 나선 이들 대부분은 육칠십대의 노년층이었다. 국가적 사안이 있을 때마다 격렬한 구호로 극우세력의 전초병이 되어왔던 노인들을, 일당벌이를 위해 동원된 알바부대로 치부하는 건 안일한 단순화다.

내전의 상처 속에서 밥을 굶고 배움의 기회를 잃었던 불행한 세대, 산업화의 소용돌이 속에서 '하면 된다'라는 구호 아래 전투 같은 생존경쟁을 버텨온 세대, 권력 아래 숨죽이며 탐욕과 연줄의 성공 회로에서 거듭 도태되어온 세대. '성장신화'와 '국가안보'는 그들 남루한 인생의 가장 빛나는 자부심이다. 그 가치가 도전받을 때, 노인들은 자기 인생을 송두리째 모독당한 양 서슬 퍼런 적개심을 드러낸다. 세상은 변화를 부인하는 그들을 혐오하고, 그들은 변화를 외치는 세상을 불온시한다. 그들과의 소통은 불가능한 것일까?

2016년 출간된 『할배의 탄생』은, 그들의 눈높이에서 그들의 입으로 그들의 인생을 돌아본 구술생애사의 기록이다. 특별히 내세울 간판도 없이, 가난하고 평범하게 살아온 칠십대 남성 노인 두 사람의 인생사를 담은 『할배의 탄생』에는 '어르신과 꼰대 사이, 가난한 남성성의 시원을 찾아'라는 부제가 달려 있다. 글쓴이는 당시 독거노인생활관리사였던 최현숙이다.

가장 가까운 위치에서 그들을 만나, 아무에게도 털어놓지 못했던 그들 가슴속 깊은 응어리와 구겨진 청춘의 기억들을 끄집어냈다. 군에서 '빠따'를 맞으며 '요령'을 익히고, 바람을 피우거나 매춘을 하고, 빚을 지고 살림을 거덜냈다가, 다시 맨땅에서 시작하는 우여곡절의 개인사 속에 한국전쟁과 월남전, 유신정치와 서울올림픽 같은 한국현대사가 교차된다. 칠십대 할배들의 구술생애사 속에서 최현숙이 찾아낸 '꼰대의 시원'이 궁금했다. 2016년 11월의 이른 아침, 한겨레 사옥에서 최현숙을 만났다.

아침 일찍 오시느라 고생하셨습니다.

집이 여기서 가까워요. 담당하는 구역도 이 근처고요. 원래 오늘 오전에 김장 봉사에 가려고 했는데…… 인터뷰 끝나는 대로 달려가려고요. (웃음)

헐렁한 후드티에 검은 점퍼를 걸친 그는, 언제라도 고무장갑을 끼고 김장 행사에 출동할 태세였다. 자신을 가리켜 "앞치마 두르면 식당 아줌마, 빗자루 들면 청소 아줌마"라고 깔깔 웃으며 말했지만, 그는 『할배의 탄생』을 포함해 지난 3년간 이미 세 권의 책을 낸, 필력 좋은 작가다. 2013년에 『천당허고 지옥이 그만큼 칭하가 날라나?』란 제목으로 팔구십대 여성들의 구술생애사를 내놓은 데 이어, 이듬해에는 오십대에서 칠십대 여성들의 삶을 담은 『막다른 골목이다 싶으면 다시 가느단란 길이 나왔어』를 출간했다. 이번에 출간한 『할배의 탄생』은 칠십대 남성들의 노동과 가정, 성性을 가감 없이 기록한 세번째 책이다.

세 권 모두 아무도 주목하지 않는, 특별히 내세울 경력도 없는 가난한 노인들 이야기입니다. 가난한 사람들에 주목하게 된 특별한 이유가 있나요?
우리 사회 역사와 공적기록들은 모두 '배운 사람' '가진 사람' 들에 의해서 기록되거나 그들의 관점에서 정리된 것들이잖아요. 사회적으로 소외된 존재들을 만나서, 발언되지 못했던 그들의 목소리를 드러내 우리 역사의 한 영역으로 공유하는 게 내가 하고 싶은 일이었어요. 단순히 경제적인 가난뿐만 아니라 정서적인 가난까지도 포함하는……

정서적 가난이라는 게 뭐죠?
『할배의 탄생』에 나온 이영식 노인처럼, 가난하고 결혼 못 하고 일용직 노동자로 살아온 자신의 인생이 쓸모없는 삶이었다고 여기는 경우가 많은데 그것을 다른 방식으로 해석하도록 어떻게 도울 수 있을까 생각해요. 아니 돕는다기보다, 그 해석을 나누는 게 가난한 이들의 구술생애사 작업을 하는 나의 핵심 목표라고 할 수 있어요.

그러니까 구술사 집필은 그분들의 삶을 기록으로 남긴다는 차원뿐 아니라 그걸 통해서 자신의 인생을 회고하고 스스로 다른 평가를 하게 만든다는 건가요?
네, 그렇죠. 일단 아픔이든 뭐든 풀어놓는 것 자체가 하나의 치유 과정일 수도 있고요. 제가 단순히 묻고 기록하는 게 아니라 그 삶에 대해 같이 이야기하면서 그분들 스스로 재해석할 수 있게 하는 거지요. 물론 사회적으로 그분들의 목소리나 생애 경험들을 남기는 것도 굉장히 중요하다고 생각하고요.

구술자의 개인사를 기록하고 맨 뒤에 생애 연표가 정리되어 있더라고요. 칠십대 남성들의 일대기와 나란히, 해방과 한국전쟁, 베트남전, 88올림픽 같은 역사적 사건들이 병기되어 있어서 한국판 〈포레스트 검프〉 같은 걸 보는 기분이었어요. (웃음)
못 배운 사람들은 자기를 역사적으로 객관화하기가 쉽지 않아요. 자신의 노점상생활이나 월남파병 같은 경험이 어떤 역사적 맥락 속에서 이루어진 건지 따져볼 생각을 못 합니다. 사회와 유리된 개인이 아니라 자신을 사회적인 존재로 의미규정하고, 스스로 그간 어떤 역사적 사건과 조응하며 살아왔는지 돌아보게 하고 싶었어요.

한국판 〈포레스트 검프〉처럼 나온 영화가 칠팔십대 남성들의 일대기를 조명한 〈국제시장〉 아닐까요? 그 영화는 전쟁 후 우리 사회 남성들이 얼마나 힘겹게 자수성가했으며, 가족 부양을 위해서 얼마나 노심초사 허덕이고 살았는지 보여주는, 남성 중심의 눈물 어린 성공담이었단 말이에요. 물론 저도 눈물 철철 흘리면서 보긴 했지만······ (웃음)

저는 〈국제시장〉이 보여주는 성공의 개념에 반대해요. 악착같이 돈 벌고, 가족을 온전하게 보전하는 것이 성공이라고 간주되는데, 이게 우리 사회의 소위 '정상 이데올로기'를 구성하죠. 현실에서 마주치는 대다수의 사람들은 사실 '다양한 비정상'들이에요. 돈을 벌 수도 못 벌 수도 있고, 이혼을 하거나 결혼을 못 하기도 하고······ 그런 이들을 비정상으로 간주하고 그 기준을 내면화해서 자기 삶은 쓸모없다든가 창피하다고 여기는 건 온당치 않다고 생각해요.

인터뷰 대상자는 어떻게 정하세요?

저의 기준은 '아무나'예요. (웃음) 그냥 아무나 붙잡고 생애 이야길 해도 한 세상이 나온다고 믿어요. 그 아무나 중에서 제일 '꽂히는' 사람은 말 많고 상처와 억압이 많은 사람들, 내가 감당하기 어려운 사람들이고요. 얘깃거리가 많으니까요.

　　　　대한민국 꼰대의 삶 속에서 나를 읽는다

인터뷰 요청을 하면 순순히 허락들을 하던가요?

대개는 오랫동안 저하고 관계가 있던 사람들이죠. 신뢰가 중요하니까. 독거노인생활관리사를 하면서 만난 노인들, 혹은 주변의 동료들 같은 경우요. 그래도 막상 시작하려고 하면 쉽진 않아요. 팔구십대 노인은 제가 딱 세 명 섭외해서 세 명 다 그 자리에서 오케이하고 끝까지 했어요. 오륙십대는 4배수를 뽑았어요. 열두 명 섭외했고 그중 딱 세 명이 남았죠.

아! 아홉 명은 중도 포기했군요.

'하겠다곤 했는데 집에 가서 생각해보니 도저히 안 되겠다'고, '서방도 살아 있고, 새끼도 있고, 친척도 있고……' 여성들의 경우엔 그래서 포기한 경우가 많아요. 뭐, 더 늙기를 기다려볼 수밖에요. (웃음)

독거노인생활관리사로 주 25시간 일을 하는 틈틈이 인터뷰를 하고, 녹음을 풀어 녹취록을 만들고, 글로 옮기는 작업을 병행했다. 인터뷰를 위해 한 사람을 만나는 기간은 대개 6개월가량. 일부러 일정을 촘촘히 잡지 않는다. 이야기한 뒤 다시 생각하고 정리할 시간을 주기 위해서다.

남성다움의 요건은 돈, 체력, 정력

지극히 내밀하고 사적인 영역, 여자 문제라든가 성에 대해서 적나라하게 고백하는 대목도 인상적이었어요. 노인들이 좀처럼 입 밖에 내지 않는 주제들인데……

아주 구체적인 생애 경험들, 섹스의 경험이든 노동의 경험이든 가족 간의 끈끈한 애증의 경험이든 그 기억 속으로 깊이 들어가는 것이 이분들이 자기 삶을 이해하고 해석하는 데 아주 중요하다고 생각합니다.

아무리 나이드신 분이라 해도 독거 남성 노인이 연하의 여성에게 자신의 여성 편력이나 섹슈얼리티를 고백하는 건 쉽지 않았을 텐데요.

오히려 많이 배웠거나 사회적 지위가 있는 분들 같으면 위선과 교양으로 포장하느라고 제대로 얘길 안 했겠죠. 가난한 사람들의 경우엔, 성관계가 노동이나 거주, 성애적 관계하고 직결되거든요. 부자들은 가정은 가정대로 유지하고 직장은 직장대로 유지하면서 따로 여자 문제를 처리할 수도 있지만 가난한 사람들은 안 그래요. '가장 개인적인 것이 가장 정치적인 것이다'란 말도 있는데, 섹슈얼리티는 굉장히 정치적인 것이어서 전 그분들의 성에 대한 얘길 꼭 듣고 싶었어요.

남자는 허리 꼬부라져도 지푸라기 하나 집어들 기운만 있으면 선다는데,

여자는 나이들면 힘들더라구. 그래서 나는 불만이 많아. 욕구를 풀어야 하잖아. (…) 홀애비 3년이면 이가 서 말이고 과부 3년이면 보리쌀이 서 말이래잖아. 그 말이 정말 뼈 있는 말이야. (…) 남자는 마누라 없으면 성욕을 돈으로 해결해야 하잖아. 그러구 서방 없는 여자는 돈을 받구 해주는 거구.
(「김용술, "나는 잡초야, 어떤 구뎅이에 떨어져도 악착같이 다시 일어나"」, 『할배의 탄생』, 이매진, 2016, 118쪽.)

『할배의 탄생』 기록자로서, '대한민국 꼰대 할배들은 어떻게 탄생된 것인지' 답을 찾으셨습니까?

시민단체들이 집회할 때, 마이크 소리 최대로 켜놓고 맞불집회하는 할배들을 꼰대라고 하는데, 난 애초부터 그런 시각이 좀 의심스러웠어요. 그렇게 노인세대를 통으로 규정하면 안 되지 않나? 그래서 통계로 잡히지 않은 개개인들 속으로 들어가고 싶었어요. 이분들을 만나면서 제가 느낀 건 이래요. '이들은 자기의 시선으로 자기를 바라보기보다는 가진 자들, 배운 자들의 시선과 평가를 좇아서 그걸 자기정체성으로 내면화한다.' 가난한 사람들의 경우엔 자기정체성을 독립적으로 가질 기회가 드물어요. 그래서 많이 배운 사람들, 권력을 가진 사람들의 말을 모방해서 자기를 평가하고, 그 잣대로 세상을 보죠.

자기가 동일시하고 싶은 대상은 자기처럼 가난하고 못 배운 사람이라기보다는 더 많이 가진 사람, 많이 배운 사람이다?

최현숙

그렇죠.

'내가 여건이 안 돼서 저 위치에 못 이르렀지만, 내 의식은 저들과 같다'고 생각하고 싶어한다는 얘기군요. 그런데 동세대의 배운 사람, 가진 사람의 언술은 대개 극우보수 편향이다보니……

맞아요. 그래서 자기 계급을 배반하는 정치적 선택들, 자기허상화, 이런 현상이 나오는 거죠. 이분들 구술에도 나오는데, "진보, 너네는 너네 걱정이나 해라. 가난한 노인들 걱정한다고 노인 기초연금 20만 원으로 늘려라 어째라 떠들지 말고" 이렇게 말해요. 우리 사회 보수 정치권에서 하는 말이랑 똑같은 거죠. 정작 자기들은 그 돈이 아주 절실한 처지인데도……

책에서 "가부장제는 여성과 남성에게 모두 억압이자 상처"인데 특히 "가난한 남성에게 더 억압적"이라고 하셨어요. 가부장제가 남성에게 작용할 때 사회경제적 지위에 따라서 달리 작용한단 뜻인가요?

저는 부자 남성들도 가부장제로 인해서 억압받고 피해보는 측면이 있다고 생각해요. 다만 그들은 가부장제하에서 실제로 '대빵' 노릇을 할 수 있는 다른 권력이 있기 때문에, 가부장제로 피해를 보더라도 자기가 누릴 권력이 더 많으니까 그냥 감수하는 거죠. 반면에 가난한 남성은 가장으로서 경제적 책임을 져야 한다는 것, 돈은 남자가 벌어야 하고, 남자는 신체도 정신도 섹스도 강해야 한다는 생각에 짓눌려 있어요.

대한민국 꼰대의 삶 속에서 나를 읽는다

'돈과 체력과 섹스가 강해야 남자답다'는 강박관념!

그렇죠. 그래서 여기 미달하면 자기가 남자답지 못하다고 여기면서 깊은 상실감이나 자괴감에 빠져버려요. 경제적 능력이 안 되는 가난한 남성은, '남자다움'의 기준에 도저히 도달할 수 없는 거지요.

> 결혼도 못 했고, 돈도 없고, 고시원에서 살고, 평생 노가다나 했고, 그런 건 다 창피한 거잖아요. 누구도 제대로 된 사람으로 안 보지요. 최선생(최현숙)이나 달리 생각하지, 백이면 백 다 비정상이고 뭔가 모질란 걸로 봐요. (『이영식, "나는 가난하고 마누라도 자식도 없어요"』, 앞의 책, 256쪽)

이영식 노인은 왜소한 체구에 여자가 없다는 것이 남성으로서 더 큰 자격지심이 되는 거 같은데, 김용술 노인은 가난해도 꽤 자신감이 넘쳐 보여요.

제가 김용술 노인한테 이영식 노인 얘기를 했더니 "그 사람 나한테 좀 데리고 와, 내가 교육 좀 시킬게" 하더라고요. (웃음) 자기는 다 안다 이거지. 자기도 이혼해서 혼자 사는 처지지만, 자신은 그래도 '잘한다', 섹스에 자신 있다는 거예요. 무엇이 남성다움인가에 대한 왜곡된 기준인 거죠.

호기심으로 경계를 넘다

저도 인터뷰를 하는 사람이지만, 매번 쓸 때마다 어려워요. 인터뷰 쓰느라
고 밤샘한다고 하면 주변 사람들도 "녹취한 거 그냥 옮기면 되는데 왜 밤을
새워?" 그래요. (웃음) 특히 노인들의 얘기는 작업하기가 더 까다롭죠. 두서
없고 산만하고 주어가 빠진 채로 같은 얘기 반복되기 십상인데, 쓰신 걸 보
니 기록자가 구술자에게 충분히 감정이입을 해서 그분들 속을 다 읽어내고
있단 느낌이 들어요.

감정이입이 필요할 때가 있죠. 이분들의 구술 내용을 독자에게 최대
한 그대로 드러내주기 위해서 이 양반들한테 최대한 빙의를 하려고
노력을 해요. 그분들과 일상적인 대화를 할 때도 녹음기를 켜두고요.
혼자서 길을 걸을 때도, 폐휴지 줍는 노인은 이 거리를 걷는 게 어떤
느낌일까, 생각하면서 혼자 녹음기 켜고 중얼거리며 다니기도 해요.

자신의 말을 녹음한다고요?

최대한 빙의를 하려고 노력하면서 그 입장이 돼서 중얼거려요. 그걸
잊지 않으려고 녹음도 하죠. 하지만 감정이입과 함께 거리두기가 중
요한 것 같아요. 동의하든 동의하지 않든 감정에 매몰되지 않고 거리
두기를 하면서 관찰하는 것. 그 양반들에 대해서만이 아니라 나 자신
에 대해서도 그렇게 거리를 두고 보는 게 습관이 된 것 같아요.

노인의 장황한 허세담이나 신세 푸념에 그치는 결과물이 나올 수도 있는데, 감정이입과 거리두기를 병행하는 균형감각이 굉장히 놀라워요.

띄울 생각도 나무랄 생각도 눈물 짤 생각도 없어요. 할머니들의 구술을 담은 첫 책에서, 모성애에 대한 찬양은 삼가달라고 썼어요. 정확하게 보고 이해하길 원한 거예요. 저도 독자들도.

사실 우리 사회에서 할배는 또다른 혐오의 대상이 되었어요. 아무데서나 호령하고, 막무가내로 뻔뻔하게 굴고, 연장자의 권위로 볼품없는 권력을 휘두르는 무뢰배가 될 때가 많아요. 전철에서 노약자석 양보 안 한다고 임산부랑 싸우기도 하고. (웃음)

할배들이 그런 진상을 부리거나, 할머니들이 전철에서 마주앉은 전혀 모르는 상대방에게 '어디 갔다 오세요?' 말 걸다가 딸 얘기, 사위 얘기하는 거 보면, 전 일단 녹음기의 녹음 버튼부터 눌러요. 전혀 걸러지지 않은 그분들의 생생한 이야기잖아요. 이쁘건 밉건 간에. 저 양반들이 왜 그러는지 좀 알고 싶은데, 그 자리에서 파악하긴 어렵더라도 최대한 잘 관찰하고 기록하는 것도 굉장히 중요하죠.

그 정도 관심을 기울인다는 건 애정 없인 불가능해요.

그분들에 대한 저의 기본 입장은 '옹호'예요. 가난과 고난을 겪어왔다는 자체로 그분들은 제게 선생님이에요. 가난과 고난을 어떻게 해석할지에 대해선 난 그분들과 생각이 다르지만…… 그리고 궁금하잖아요. (웃음) 저 사람은 왜 이렇게 성질이 못됐을지, 저 여자분들은 왜 저렇게 떠드는지, 내 속의 가장 큰 동력은 호기심인지도 몰라요. 두려움과 호기심이 늘 공존하는데, 호기심이 더 강해서 두려움을 넘어서버리는 거죠. 경계를 넘는 것에 대해 겁을 덜 내는 편이랄까.

노인구술사를 통해 돌아본 내 삶의 치부들

최현숙이 노인들의 구술사를 집필하게 된 동기는 그의 범상치 않은 이력에서 출발한다. 1957년 전북 남원에서 출생한 그는 덕성여대 가정학과를 졸업하고 아이 둘을 키우며 평범한 주부로 살다가 삼십대 초반부터 사회운동에 참여하기 시작했다. 처음엔 동네 성당에서 가난한 병자나 소년소녀 가장을 돌보는 일을 하다가, 천주교정의구현전국연합에 발을 디디게 되었고 2000년 이후로는 진보정당 운동에 본격적으로 뛰어들었다. 2004년 마흔일곱 살의 나이에 동성애자로 커밍아웃을 하면서 이혼했다. 2008년 4월 총선에서 서울 종로에 성소수자라는 점을 공개하며 진보신당 후보로 출마했다. 결과는 예상대로 참혹한 실패였지만, 성소수자의 존재를 정치적으로 드러내는 것에 큰 의미를 두었다.

커밍아웃을 하신 나이가 만으로 47세더라고요. 결혼해서 아이들 낳고 25년

대한민국 꼰대의 삶 속에서 나를 읽는다

을 살다가 왜 갑자기 그런 결심을 하게 되셨어요?

내 욕망을 정확하게 확인했거든요. 남편은 튼실한 중소기업을 운영하며 안락한 가정을 꾸리고 싶어했어요. 그 사람의 욕망에 반대하진 않았지만 내 삶은 다른 식으로 살고 싶었어요. 처음엔 가정을 유지하면서 내 삶은 나대로 꾸려갈 수 있을 거라고 생각했어요. 그런데 남편과 갈등이 계속 커졌고, 그 무렵 제가 굉장히 좋아하는 여성이 생겼어요.

지금 그분과 같이 사는 것도 아니잖아요. 후회하지 않으세요?

결혼도 이혼도 하나의 과정이라고 생각해요. 여성을 사랑하고 여성과 함께 살았던 경험은 남성과 살았던 경험과는 굉장히 달라요. 최소한 내 방식이 논의되고 같이 합의해나가는 관계였죠. 지금은 혼자 지내는데 저는 근본적으로 굉장히 개인주의적이고 유아독존적인 인간인 것 같아요. (웃음) 간섭받는 게 너무 싫어요. 바깥에 나가선 끊임없이 사람들을 불러모으고 일을 만들지만, 사적 공간에서는 정말 혼자서 마음대로 내 시간과 공간을 관리하며 지내는 걸 좋아해요.

2008년 18대 총선에서 국내 최초 레즈비언 후보로 진보신당 당적을 가지고 출마하셨어요. 이번 책 서문에도 "나는 좌파다. 무슨 욕을 먹든, 어떤 오류가 있든, 나는 좌파다. 어떤 사회에서든 좌파일 테고, 그게 내가 세상을 사는 맛이다"라고 아주 대놓고 (웃음) 쓰셨더군요. 선생님이 생각하는 좌파는 뭡니까?

소외된 곳에서 소외된 사람들과 함께 살면서 그들과 함께 일어나는 것. 그건 제 사회활동의 출발점이 된 신앙적 소신과도 완벽하게 일치해요.

진보정당 운동을 하다가 사회복지사로 방향을 튼 것도 같은 맥락인가요? 소외된 사람들과 함께한다는?

2008년 즈음부터 진보정치들이 궤멸하기 시작했어요. 정치노선 차이로 인한 내부갈등도 심해지고. 그때 쉰두 살이었는데, 내가 그 나이에 가장 잘 스며들어서 하고 싶은 일을 할 수 있는 게 뭘까 고민했죠. 밥을 벌어먹더라도 어떤 노동으로 밥을 벌어먹느냐가 중요하잖아요. 그러다가 눈길이 머문 게 요양보호사예요. 2008년에 노인장기요양보험제도가 생기면서 '돌봄노동의 사회화'가 중요한 이슈로 떠오를 때였거든요.

그때부터 공부를 시작해서 요양보호사와 사회복지사 자격증을 땄고 2013년부터는 독거노인생활관리사로 자리를 잡아 서울 마포구 대흥동 일대 노인들을 담당했다. 가난한 독거노인들에게 주 2회 전화, 주 1회 방문, 후원물품 전달 같은 일을 하는데 하루 다섯 시간 일하고 최저시급으로 월 78만 원 정도의 봉급을 받는다.

실례되는 말씀이지만, 선생님은 좌파에, 커밍아웃한 성소수자에, 이혼녀에,

가난한 독거여성이세요.

(깔깔 웃으며) 네, 맞아요.

이단아 중의 이단아, 소수자 중의 소수자란 말씀이죠. 근데 놀라운 건 이 모든 걸 선생님이 스스로 선택하셨단 점이에요. 왜죠?

글쎄, 호기심 때문인가? (웃음) 하여간 그게 '맛'있어요. 살맛을 거기서 느끼는 거죠. 안정된 삶은 왠지 재미없고 사람을 나태하게 만드는 것 같거든요.

책의 저자 소개에 "나쁜 여자는 어디든 간다"는 우테 에어하르트(독일 심리학자)의 말을 인용해놓았던데, 스스로 나쁜 여자라고 자처하시는 건가요?

우리 사회가 좋은 여자, 나쁜 여자를 구분하는 기준은 언제나 '정상 이데올로기'예요. 무엇이 정상이고 무엇이 비정상인지 가르는…… 난 아주 어릴 때부터 거기에 큰 저항을 느꼈던 것 같아요. 아버지는 교사 출신으로 굉장히 가부장적인 분이었는데, 내가 요조숙녀가 되기를 바라셨죠. 서울로 이사 오면서부터 아버지가 일자리를 잃고 대신 엄마가 돈놀이, 집 장사, 미제물건 장사 가리지 않고 돈을 벌면서 아버지의 콤플렉스가 심해졌어요. 그게 폭력으로 나타났는데, 아버지의 폭력을 겪으면서도 나는 그걸 '맞았다'가 아니라 '싸웠다'라고 기억하고 있어요. 바득바득 이를 갈고 노려보면서 맞을 거 다 맞았으니까 아버지가 보시기에도 얼마나 미웠겠어요. (웃음)

대한민국 꼰대의 삶 속에서 나를 읽는다

가부장적이고 폭력적인 아버지로 인한 상처와 더불어, 그의 성장 과정에는 치명적인 콤플렉스가 있었다. 사춘기 무렵부터 시작된 액취증. 활달하고 똑똑하던 여학생은 스스로 사람을 피하기 시작했고 통행금지가 해제되는 꼭두새벽에 첫 버스를 타고 등교하고 한겨울에도 창문을 열어놓을 만큼 자기혐오와 대인기피증이 심해졌다.

그 정도로 콤플렉스가 심각했다면, 수술을 할 수도 있지 않았나요?

아버지가 여자 몸에 칼 대면 안 된다고 막았어요. (웃음) 십대 초반부터 내 인생은 거대한 혼돈과 수렁이었지요. 아버지를 배반한다는 건 단순히 아버지뿐 아니라 사회의 모든 질서나 권위, 규범에 대해 저항한다는 의미였어요. 액취증 경험은 그때까지 별 관심이 없었던 모든 버려진 것들, 길가의 쓰레기들, 독버섯도 다른 시선으로 보게 했어요. 나 같은 존재라고 동일시하면서. 깊은 수치심과 결핍감 때문에 대학 때까지도 도벽이 있었어요. 당시엔 그런 나를 나 자신이 도무지 해석할 수가 없는 거예요. 도대체 나는 어떤 인간인가!

이런 얘기 써도 되나요?

쓰셔도 돼요. 이런 상처나 혼돈, 시행착오가 나의 내면을 추적하는 데 핵심적인 요소니까. 아버지의 폭력을 경험하면서 내 안에 내재된 폭력도 문제였어요. 결혼하고 내 아이들을 낳아 키우면서 애들한테 내가 폭력을 쓴 거죠. 그게 아이들한테 큰 상처로 남았다는 걸 나중에 알았어요. 큰아들은, 내가 이혼소송할 때 이혼청구 사유를 '남편의 폭력'이라고 쓴 걸 보곤 저에 대한 마음이 돌아섰대요. 내가 커밍아웃하고 집을 나올 때까지도 "자식 때문에 억지로 아버지와 살 필요는 없다"라고 말해줬던 아이인데…… 그 아이한텐 엄마가 굉장히 위선적으로 보였겠죠. 자기한테 폭력을 행사한 엄마가 남편 폭력을 이유로 이혼하겠다고 하니…… 큰아들은 지금도 그 문제로 나를 안 만나고 있어요.

그는 아들 얘기를 하면서 여러 번 깊은 한숨을 토해냈다. 오히려 당황한 쪽은 나였다. 그는 어떻게 이렇게 자신을 여과 없이 드러내고 객관화할 수 있을까? 노인들을 인터뷰할 때처럼 자신에게 묻고 자신이 답하는 과정을 수도 없이 반복해왔음이 분명했다.

노인들의 구술 작업을 하면서 선생님 자신을 돌아볼 기회가 많았나봐요.
구술생애사 작업을 하면서 계속 나 자신에 대해서 메모를 했어요. 내가 도대체 왜 그랬을까? 최대한 집중해서 나를 해부하고 나 자신에게 해명하고 싶어요. 누구나 살면서 숱한 시행착오와 오류를 남기는데, 그런 자기 삶을 스스로 어떻게 해석하고 규정하느냐, 그게 남은 삶을 사는 데 대단히 중요하다고 생각해요. 폭력 피해나 가해의 기억은 나한테 굉장히 치명적인 걸림돌이지만 이걸 잘 해석하고 정리하면 삶의 에너지를 끌어내는 중요한 디딤돌이 될 수도 있다고 믿어요.

가난한 독거노인들을 만나면서, 최현숙은 자신의 상처와 오류를 직시할 용기와 성찰의 지혜를 얻은 듯했다. 인터뷰가 나간 뒤, 최현숙은 독거노인생활관리사를 그만두고 전업작가가 되었다. 2018년 초에는 오륙십대 망원동 여성 상인들의 생애사를 채록한 『이번 생은 망원시장』을 출간했고 최근엔 대구 달성군 우롱리 할머니들의 구술사를 모은 책을 작업하고 있다. 진보를 자처하는 이들이 가장 무서워해야 할 적은 '성찰 없는 노화'가 아닐까. 그건 꼰대 할배들만이 아니라 우리 모두에게 열려 있는 수렁이다. 최현숙은 노인들의 생애구술사를 통해서 자신을 재해석하고 재규정하는 자기성찰의 노동을 계속하고 있다.

구술생애사 작가. 아이 둘을 키우며 평범한 주부로 살다가 삼십대 초반부터 사회운동에 참여하기 시작했고 마흔일곱 살 나이에 동성애자임을 커밍아웃하고 이혼했다. 가난한 노인들의 삶을 기록하며 자신의 상처와 오류를 되돌아본다. 그의 일관된 주제의식은 장년세대의 삶 속에 투영된 한국 현대사, 혹은 굴곡진 역사 속에서 성형되면서도 그 거대한 수레바퀴를 끌고 나가는 개인의 미시적 일상이다.

여섯 번째 · 순간

아픈 이야기를
아프게 들어주는 사람

© 고경태

구수정

그들의 이야기가 내 안으로 들어오면
마치 무병이라도 앓듯 몸이 아프다.
먹으면 토하고 열이 오르고 오한이 들고
머리가 깨질 것 같은 두통에 온몸의 뼈 마디마디가 다 쑤신다.
이야기를 토해낸 그들도 아프고, 그 이야기를 받아낸 나도 아프다.

차라리 총을 쏴서 깨끗하게 죽이지, 차라리 날 선 칼날로 심장을 찔러 한 방에 죽였으면 그래도 덜 고통스러웠을 텐데…… 한국군 총검은 날이 무뎠어요. 그러니 네 살배기 나는 아홉 방을 찔리고도 살아남을 수 있었겠지만 다른 사람들은 숨이 끊어지는 마지막 순간까지 사흘 밤낮을 피를 흘리면서도 물 한 방울 못 먹고, 고통으로 온몸을 뒹굴면서 그렇게 죽어갔다고요. (베트남 푸옌성에서 만난 생존자 '크엉'의 구술기록)

구수정이 전하는 베트남인들의 증언은 믿기 어려울 만큼 참혹하고 섬뜩하다. 1999년 5월, 그가 『한겨레21』을 통해 한국군에 의한 베트남전 양민학살 사건을 최초로 발굴 취재했을 때, 구수정은 호찌민대 역사학과 석사 과정 학생이었다. 한국군의 공식 기록에서 통째로 누락된 역사, 사건 후 30년이 넘도록 봉인되어온 야만과 광기의 증거가 삼십대 신참 여성 연구자에 의해 처음으로 세상에 실체를 드러내는 순간이었다. 베트남전 반전운동이 미국을 비롯해 전 세계를 강타할 때나 미라이학살 등 베트남전 민간인 피해에 대한 사과와 속죄운동이 광범하게 확산될 때에도 반전평화운동의 무풍지대였던 한국사회에, 구수정이 던진 파문은 엄청난 충격이었다.

아픈 이야기를 아프게 들어주는 사람

일부 베트남 참전군인들은 한겨레신문사에 난입해서 그가 허위사실을 유포한다며 격렬하게 성토했지만, 구수정의 글은 청년과 지식인들에게 벼락같은 죽비로 내리꽂혀서 한국이 저지른 전쟁범죄에 대한 사과와 속죄운동의 도화선이 되었다. '미안해요 베트남' 운동이 벌어지고, 학살의 현장을 직접 방문해 현지인들에게 진심 어린 사과의 마음을 전하는 베트남 평화기행 참가자가 해마다 늘어갔다. 베트남의 유력 언론 뚜오이째는 '한국의 양심'을 상징하는 인물로 구수정을 소개했고, 2000년 베트남 외무장관 응우옌지니엔은 구수정의 "아름답고 존경받을 만한 행동"에 감사하는 편지를 보내왔다. 그러나 구수정은 지금도 역사의 응달에 서 있다.

그는 여전히 민간 활동가로 한국과 베트남 양국 모두 공식적인 언급을 꺼리는 베트남전의 진실을 파헤치고 다닌다. 구수정은 왜 일신의 위험을 감수하면서까지 모두가 불편해하는 전쟁과 살육의 역사를 들춰내는 것일까? 잊혀가는 과거사의 아픈 상처를 헤집어 그가 찾아내고자 하는 진실은 누구를 위한 것일까? 베트남전 참전 50주년이 되던 2014년 초여름, 나는 그를 경복궁 담장이 마주보이는 조용한 카페 2층에서 만났다. 그는 당시 베트남에 거주하며 잠시 한국에 다니러 나온 길이었다.

그간 많은 글을 쓰셨지만 개인 신상에 대해선 별로 알려진 게 없더군요. 개인사 인터뷰를 일부러 피하신 건가요?

베트남에선 종종 한 적 있는데 한국에선 이번이 거의 처음일 거예요. 실은 오늘 아침에도 무지 후회했어요. 눈뜨고 일어나서 샤워하다가 갑자기 욕이 터져나오는 거예요. 아, 뭐야, 이걸(인터뷰를) 내가 왜 한 다고 했지? 샤워기 던지면서 아, 이거 어떡해…… 그러다가 왔어요. (웃음)

글을 많이 쓰시는데, 사적인 얘기를 군데군데 버무려서 소프트하게 쓰는 스타일은 아니신 것 같아요. 국제적으로 활동하는 여성분들 가운데는 그런 식의 에세이를 써서 베스트셀러에 오르는 경우도 많은데요.
글 쓰는 걸 제가 별로 안 좋아하는 것 같아요. 글 말고는 더이상 제가할 수 있는 게 없을 때 그럴 때만 할 수 없이 써요.

의외군요.
네. 노래방에서 마이크 들고 노래하는 것도 떨려 해요. (웃음) 일이라고 생각하니까 강연이고 글쓰기고 하는 거지.

우리가 베트남에 대해 아는 것의 절반은 구수정 박사한테서 나온 거다, 이런 얘길 주변에서 들었어요.
모르겠네요. 비즈니스나 학계 쪽은 따로 전문가가 계실 테고 저는 스스로 '활동가'라고 생각하고 살았는데…… 베트남에 오래 살아도 사실 베트남은 이해하기 어려운 나라예요. 베트남 사람하고 소통하는

아픈 이야기를 아프게 들어주는 사람

것도 쉬운 일이 아니고요. 다른 사람이 보지 못하는 걸 제가 본다면 그건 아마 제 공감능력 때문일 거예요. 베트남은 구수정이라는 개인을 하나의 '통로'로 믿고 있는 것 같아요. 자기들의 이야기를 받아서 어떤 식으로든 전달해주는 통로. 시간이 쌓이면서 생긴 믿음일 수도 있고요.

오랫동안 혼자서 참 많은 일을 하셨어요. 회의가 들 때는 없으셨어요?
요즘도 사실 고민을 해요. (1999년 첫 기사를 쓴 이후) 지난 17년간 뭔가를 끊임없이 해왔다고 생각하는데, 그동안 달라진 게 뭔가? 피해자 얘기도 많이 듣고 이런저런 사업도 많이 벌인 것 같은데, 막상 (학살 피해 현장에) 들어가서 그분들이 사는 걸 보면 하나도 변한 게 없어요. 그리고 하나둘씩 사라져가고요. 지난 1999년도에 처음 취재할 때 만났던 분들 대부분 지금은 돌아가셨고 학살의 기억을 간직한 사람도 이제 몇 안 남았는데, 내가 그분들을 처음 만났을 때부터 돌아가실 때까지 그들의 고통은 별반 달라진 게 없어요. 그걸 보면서 한계를 많이 느끼죠. 그런데도 이 일을 그만두지 못하는 건, 이렇게 말해도 될까 모르겠는데……

뭐죠? 그만두지 못하는 이유가?
내가 움직이는 만큼 사람들의 관심이 생기고, 내가 이들의 이야기를 쪼끔쪼끔이라도 전하면 누군가가 와서 이 일을 이어가겠지만, 내가 멈추는 순간 아무도 들어줄 사람이 없다는 생각. 내가 멈추면 베트남 문제를 고민하는 사람이 더 안 생길지도 모른다는…… 그런 생각이 들었어요.

구수정은 1966년생이다. 그가 태어난 바로 그해 음력 정월은, 베트남에서 한국군에 의한 민간인 학살이 가장 많이 일어난 달이다. 그 기이한 운명의 현장을 마주하기까지 그는 한국에서 평범한 성장기를 보냈다. 모태신앙의 독실한 기독교신자이던 구수정은 1985년 한국신학대학(한신대의 전신) 사회복지학과에 입학했고 진보적 학생운동에 참여했다. 학교를 졸업하고 월간 『사회평론』 기자로 일하다가 매체가 폐간되는 바람에 선배를 따라 옮겨간 곳이 1992년 김대중 선거 캠프였다. DJ 이름으로 나오는 원고를 쓰거나 TV 연설문을 쓰는 팀에서 일했다. 결과는 낙선이었다. "한 번도 DJ가 최선이라고 생각해본 적은 없지만" 막상 선거에서 지니 "차선도 안 되는 세상에서" 사는 게 문득 역겨워졌다. 그래서 떠나고 싶었다. 베트남으로 유학을 가겠다고 하니, 어머니는 "거기 아직 전쟁중인 나라 아니냐"며 단식까지 하고 만류하셨다. 그래도 구수정은 고집을 굽히지 않았다.

90년대 초반에는 러시아나 중국으로 유학을 떠나는 게 붐이었어요. 왜 베트남을 택하셨어요?
왜 베트남을 고집했는지 저도 모르겠어요. 한국을 떠나야지 생각할

아픈 이야기를 아프게 들어주는 사람

때 머릿속에 떠오른 게 베트남뿐이었어요. 베트남어도 할 줄 모르고 아무 연고도 없었어요. 다만 학교 다닐 때 베트남에 대해서 공부를 좀 했었는데, 가장 좋아했던 책이 『사이공의 흰옷』과 『불멸의 불꽃으로 살아』라는 소설책이었어요. 특히 『불멸의 불꽃으로 살아』(원제: 그대처럼 살리라)는 항미 전사 우엔 반 쵸이의 일대기를 그린 소설이었는데 그 표지 사진이 지금도 기억에 생생해요. 총살을 당하면서도 "눈가리개를 벗겨라. 내 조국의 청명한 하늘을 보고 싶다"라고 말하고 마지막 구호를 외치며 죽었다는 이야기가 굉장히 강렬한 인상으로 남아 있었어요.

구수정이 처음 베트남에 발을 디딘 것은 1993년, 만 스물여섯 살 때였다. 사회주의 베트남에서, 정치적 폐쇄성이 강한 역사학과에 외국인 신분으로 입학한 건 구수정이 최초였다. 구수정은 석사 과정 입학시험에서 수석을 차지하고도 베트남 당국의 입학 허가를 얻지 못해 여덟 번이나 하노이 교육부를 찾아가 장관 면담을 해야 했다. 당시까지 외국인 유학생에 대한 베트남의 교육방침이 명확하지 않았던 데다, 유관학과 출신이 아니면 대학원 입학을 허가하지 않는 교칙 때문이었다. 다행히 2년 8개월이 지나 그는 공식 입학 허가를 받았고, 1996년도 베트남의 현대사와 당사, 통사를 보는 시험에서 30명 가운데 수석을 차지했다.

베트남어도 모르고 시작해서 3년 만에 과 수석을 하셨다고요.

그 당시 역사학과는 베트남에서 제일 인기가 없는 과였어요. 학생들
은 대부분 나이든 사람들이었고요, 호찌민대 총장이나 보직 교수들은
90프로가 역사학과 출신인데……

그럼 인기학과란 얘기 아녜요?

그게 아니고요. 역사학과가 가지는 성격이 그랬다는 거죠. 교수로서
보직을 맡으려면 역사학과 학위를 가져야 하고, 역사학과 교수가 되
려면 기본적으로 당원이 되어야 하고.

아, 일종의 국가관 확립을 위한 커리어 과정 같은……

그렇죠. 그래서 역사 공부에 정말 관심 있는 친구들은 많지 않았어요.

근데 왜 그렇게 열심히 공부했어요?

그러게요. (웃음) 제가 아마 베트남 유학생 1세대일 텐데, 1990년대
중반부터 우리 대기업들이 베트남에 진출하기 시작하면서 베트남어
를 할 줄 아는 유학생들이 여기저기서 스카우트 제의를 받았죠. 저랑
대학원 같이 다녔던 유학생들은 거의 다 대기업으로 빠졌어요. 근데,
전 어쨌든 공부를 하겠다고 간 거였으니까. (웃음) 제가 뭘 시작하면
중도에 포기를 잘 안 해요.

너무 끔찍해서 도저히 믿지 못했어요

언제부터 한국군 민간인 학살을 연구하게 되셨어요?

저도 민간인 학살을 가지고 논문을 쓰게 될 줄 몰랐어요. 처음에는 베트남전쟁 과정에서 한국군에 대한 연구를 좀 하고 싶었는데, 막상 공부를 해보니까 그 어떤 베트남 교수도 한국군에 대해 알고 있는 사람이 없었어요. 정말 그 어떤 교수도. 그러니까 베트남의 공식 기억 속에는 한국군이 존재하지 않는 거죠.

어째서 그렇죠?

베트남 사람들 입장에서는 한국군은 미군의 일부였던 거예요. 저는 미국측이나 한국측의 자료가 아니라 베트남 사람들이 가지고 있는 자료에 기록된 한국군에 관심이 있었죠. 그런데 막상 호찌민대의 역사학과 교수 중에서 누구도 한국군에 대해서 아는 게 없는 거예요. 심지어 베트남에 어떤 자료가 있는지조차도 몰랐어요. 한국군의 베트남전 참전에 관한 논문을 쓰려고 백방으로 자료를 찾다가 1997년 하노이 외무부 국가문서보관센터에서 어렵사리 문건 하나를 입수하게 됐어요. 제목이 「남베트남에서 남조선 군대의 죄악」인데, 출처가 적힌 부분도 찢기고 여러 번 복사를 했는지 판독도 어려운 40쪽짜리 문건이었어요.

입수 경로가 불투명한, 출처 불명의 자료라면 학술적으로 가치 없는 것 아닌가요?

그래서 출처 확인을 여러 번 했는데, 1980년대 초반 베트남 정치국에서 전쟁범죄 조사위원회를 구성했을 때 만들어진 자료일 거다, 이 정도로 확인이 되었어요. 어쨌든 베트남 국가 차원에서 한국군 민간인 학살에 대한 최초의 조사였고 통계까지 나와 있었는데 그 당시에는 이 자료를 읽으면서도 그 내용을 믿지 못했죠.

내용이 너무 충격적이어서 반신반의했단 얘긴가요?

반신반의가 아니고…… 도저히 믿을 수가 없었어요.

문건의 내용을 의심하며 1년쯤 묵혀만 두고 있었는데, 1998년 일본의 NGO에서 운영하는 피스보트를 타고 베트남전 유적지를 탐방하던 작가 강제숙, 김현아가 투이보 지역에서 한국군에 의한 민간인 학살 얘기를 듣고 큰 충격에 빠져 구수정을 찾아왔다. "사실은 내게 이런 자료가 있는데……" 구수정은 가지고 있던 자료를 처음 그들에게 내보였다. "믿기진 않지만 사실 확인이라도 해보자"라고 마음먹었다. 강제숙, 김현아가 일부 지역을 직접 찾아가보기도 했지만 그들은 베트남어를 할 줄 몰랐다. 구수정이 직접 나서야 했다.

한 달간 준비를 마친 뒤, 봉고차 한 대를 빌려서 운전기사와 단둘이 자료 하나 달랑 들고 문헌에 나온 옛 지명을 찾아 탐사를 시작했다.

45일간 새벽 4시부터 밤 11시까지 하루 세 마을 이상 도는 강행군이었다. 관광지도 아닌 곳에 외국인이 나타나 인터뷰를 하고 다니니 공안에 잡히기도 여러 차례, 감옥에 갇혔다가 풀려나기도 수차례 거듭했다.

마을 사람들 반응은 어땠나요?
학살 이후 30년 만에 한국 사람을 처음 만나게 되니, 마을에 소문이 쫙 돌아가지고 내가 가면 마을마다 100여 명이 달려나왔어요. 모든 사람이 일제히 손을 들고 '카이, 카이!' 하면서. '카이'는 '진술한다'는 뜻인데 좀 공식적인 의미가 있어요.

자기가 진술하겠다는 뜻이에요?
나는 그냥 학생일 뿐이고 논문 때문에 인터뷰를 하고 있다고 해도 그분들은 굉장히 공식적으로 받아들이는 거예요. 이 조사에 자기 이름이 빠지거나 구술이 없으면 나중에 어떤 배상도 못 받을 거다, 이렇게 생각하는 거죠. 그런데 제가 모든 분들의 이야기를 들을 수 없잖아요. 게다가 누가 기록해주는 사람이 있는 것도 아니고, 사진도 찍어야 하고 또 이게 중부 베트남어인데, 베트남어는 중부어, 남부어, 북부어가 다 달라요. 그때 처음 중부에 갔으니까 저한테는 거의 외계어 수준이었는데, 그 내용을 어떻게 알아들었는지 저도 모르겠어요. 사람은 언어로만 이야기하는 게 아니니까…… 눈으로도 이야기하고 너무 절박

할 때는 몸짓으로도 이야기하잖아요.

수십 년간 묻어두었던 피맺힌 사연들이 쏟아져나왔다. 민간인 학살
과 강간, 영아 살해와 방화, 암매장…… 카인호아성에서 시작해서 푸
옌성을 거쳐 꽝남성까지 한국군 주둔지를 따라 올라가는 동안 수천
명의 끔찍한 학살담을 듣고 또 듣다보니 "이제는 도저히 더이상 들을
수가 없다" 외치면서 주저앉고 싶은 지경에 이르렀다.

정서적으로 감당이 안 되었겠어요.
시간이 없으니 한 사람당 5분에서 10분씩 듣는 건데 그 시간 동안 들
을 수 있는 얘기가 빤하죠. 한국군들이 토끼몰이를 했어, 다연발총을
발사하고 수류탄을 던져서 다 죽였어, 그래서 내 가족이 몇 명 죽었
어…… 이 얘기를 수천 번 반복해 듣다보니 결국 모든 이가 똑같은 말
을 되뇌는 것 같은 느낌이었어요. 정서적으로뿐만 아니라 물리적으로
정말 감당이 안 되었죠.

빈딘성 박물관에서 한국군 관련 아카이브를 발견한 건 큰 수확이었
다. 그렇게 어렵게 채록하고자 했던 내용들이 일목요연하게 정리되
고 희생자 명단과 학살의 동선까지 기록된 자료를 보고 나니 "사람
이 약아져서" 꾀가 났다. 이후부터는 마을에 가면 노트부터 나눠주고
각자 거기 학살 피해를 써내라고 했다. 문맹이 태반인 마을 사람들이

아픈 이야기를 아프게 들어주는 사람

삼삼오오 모여 앉아 머리를 맞대고 비뚤비뚤 진술서를 썼다.

그래서 수고를 좀 덜었나요?

그래도 한두 사례는 들어야 하겠어서 "두 분만 얘기를 해주세요" 하니까 또 '카이, 카이' 하는데, 어떤 이가 "내 식구는 여섯 명 죽었어요" 하니까 여기저기서 "나는 열세 명" "열일곱"…… 막 이렇게 소릴 지르는 거예요. 그때 나도 모르게 "아, 열일곱? 그럼 이야기해보세요" 했어요.

최대 피해자한테 우선 관심이 갔군요.

그렇게 얘길 듣는데, 맨 앞에서 계속 나랑 눈을 마주치려는 할머니가 있었어요. 날 붙들고 얘길 하고 싶어하는 것 같아서 애써서 시선을 피했죠. 밤 10시 반쯤 되어서 "나는 이제 시내로 돌아가야 해요" 인사하곤 부랴부랴 마을을 떠났어요. 봉고차를 세워둔 차도까지 한참을 걸어서 나오는데 그 할머니가 안 가고 계속 날 뒤쫓아오는 거예요. 밤은 늦었고 나는 또 붙들려서 얘기를 들을 수가 없는데…… 내가 뛰어가면 할머니도 뛰어오고 내가 멈춰서 할머니를 돌아보면 할머니도 멈춰 서서 딴전을 부리고. 그러니 맘이 엄청 불편하죠. 그래도 나는 내 길을 가고 싶었어요. 봉고차에 올라 문을 쾅 닫고 출발하려고 하는데 그 늙은 할머니가 차 뒤에서 따라 뛰는 게 보였어요.

그래서요?

할 수 없이 차를 멈추고 할머니한테 물었어요. "뭐요? 도대체 왜요?"
그러면 또 아무 말이 없었어요.

답답해라……
"나, 진짜 가요. 뒤도 안 보고 갈 거예요." 크게 소리치고 다시 출발하
면 또 허정허정 따라오고, 차를 멈추고 물어보면 또 입을 다물고……
그렇게 몇 번을 하다가 나중엔 너무 화가 나서 차에서 뛰어내려가 나
도 모르게 할머니 멱살을 잡고 흔들었어요. "나한테 하고 싶은 말 있
으면 빨리해요. 너무 늦었고 난 정말 피곤한데……" 그랬더니 할머니
가 하셨던 말씀이……

뭔데요?
난 한 명인데……

한 명?
"난 한 명만 죽었는데, 얘기해도 되겠냐?"라고요. 그 한 명이 할머니의
유일한 아이였어요. 그 상황이 너무 화가 나서 또 할머니한테 버럭 소
리를 질렀어요. "당신한텐 그 하나가 전부인데 왜 말을 못 해? 왜?"

아……
땅바닥에 주저앉아서 엉엉 울었어요. 나도 모르게 신발짝을 벗어서

땅을 치면서 엉엉…… 얼마나 울었는지 모르겠어요. 어느 순간 옆을 보니 할머니도 나랑 나란히 신발 한 짝을 벗어서 땅을 치며 울고 계신 거예요. 그때 할머니한테 말했어요. "할머니, 미안해요. 다신 안 그럴게요." 그랬더니 할머니가 말했어요. "아가! 내가 다 안다. 갈 길이 먼데 이제 가라." 그렇게 돌아왔어요. 그때 생각했죠. 아, 내가 석사 하고 박사 하고 교수 하면 정말 이 이야기가 더는 안 들리겠구나. 공부를 멈춰야겠다, 나는 앞으로 이렇게 사람들의 이야기를 '들어주는' 일을 해야겠다.

구수정은 이후 한국의 대학에서 오라는 제안도 뿌리쳤다. 그뒤로 지금까지 그는 학살 피해자들의 폐부에 쌓인 고통스러운 기억을 듣고 또 듣는 일에 자신을 온전히 바치고 있다. 듣는 일은 힘겹다. 380명이 학살된 고자이 마을에서 채 이름도 짓지 못한 채 죽은 영아가 50여 명이란 얘기를 들으며, 온몸에 화상을 입고 죽어가는 딸아이를 찾아 두 다리가 잘린 채 무릎으로 기어다닌 엄마의 얘기를 들으며 구수정은 그들의 울음을 꾸역꾸역 자기 안으로 삼킨다.

그들의 이야기가 내 안으로 들어오면 마치 무병이라도 앓듯 몸이 아프다. 먹으면 토하고 열이 오르고 오한이 들고 머리가 깨질 것 같은 두통에 온몸의 뼈 마디마디가 다 쑤신다. (…) 이야기를 토해낸 그들도 아프고, 그 이야기를 받아낸 나도 아프다. (구수정 페이스북, 2014. 5. 14.)

한국의 민낯을 대면할 수 있게 하는 나라

이야기를 통해 그분들이 얻는 건 뭘까요?

1999년에 처음 마을에 들어갈 준비를 할 때, 경동시장에 가면 인삼 도매상가가 있어요. 당시에 인삼차 100포짜리가 한 2000원 했던 것 같아요. 봉고차를 빌려서 길을 떠나면서 그 안에 인삼차를 가득 실었어요. 인터뷰할 때마다 마을 분들한테 인삼차를 나눠드렸는데, 그뒤에 다시 그 마을에 가보니, 제가 갖다드린 인삼차가 만병통치약이 돼 있는 거예요. 인삼차를 베트남 술에 타서 머리가 아프면 머리에, 허리가 아프면 허리에 바른다고, 그럼 다 낫는다고…… 한베평화공원 준공식 때 한겨레 고경태 기자한테, 진짜 효능 좋은 고급 인삼차를 사오라고 했어요. 효험이 있다고 한다니까 더 좋은 걸 사주고 싶었거든요. 준공식 끝나고 다시 가니 많은 분들이 이 인삼차는 가짜라고, 아무런 약효가 없다는 거예요. 이게 훨씬 좋은 건데…… 학살 이후 한 30여 년 만에 한국 사람을 처음 만나서 붙들고 이야기를 하니까 아프던 머리도 덜 아픈 것 같고, 허리도 덜 아픈 것 같고 그랬던 거예요. 인삼차가 만병통치약이었던 게 아니죠. 나한테 이야기하면서 스스로 치유되는 과정이 아닌가 싶더라고요. 적어도 내가 할 수 있는 한에서는 열심히 이분들의 이야기를 들어야겠다 생각했어요.

아픈 이야기를 아프게 들어주는 사람

이 일을 하면서 신변에 위협을 느낀 일도 여러 번이죠? 1999년 『한겨레21』이 피해자를 위한 모금운동과 함께 연재하기 시작한 베트남전 민간인 학살 기사에 격분해서 '대한민국고엽제전우회'가 한겨레 사옥에 난입한 일도 있었고, 2000년 제주인권학술회의에서 선생님이 발표하는 걸 막으려고 일부 베트남 참전 군인들이 몰려오기도 했어요.

한겨레 난입이 있던 날, 한국의 어머니한테서 전화가 왔는데 "난리가 났다"고, 집 주변 동네에 온통 빨간 칠을 하고 우리집 앞에 염산을 드럼통으로 세 통이나 놓고 갔다고 하더라고요. 저 때문에 식구들이 오랫동안 고생들 하셨어요. 저도 베트남에 있으면서 그 무렵엔 6개월 단위로 거처도 옮기고 한국인 거주 지역엔 얼씬도 못 했죠. 지금은 좀 바뀐 것 같아요.

지만원 박사 같은 보수 논객은 "구수정이 베트남 양민학살론을 창조하고 있다"라고 맹비난하면서 "한국군 따이한은 월남주민들에게 친절과 구원의 따뜻한 손길로 기억되고 있다. 베트남 사람들도 들추려 하지 않는 주제, 국익에 역행하는 주제를 왜 제기하고 나서는가?" 물었어요.

베트남 사람들은 가만히 있는 게 아니에요. 소설 『머나먼 쏭바강』의 배경지가 되었던 푸옌성에 1976년 두 개의 '증오비'가 들어섰어요. 우리 전쟁 직후를 떠올려보세요. 피죽도 못 먹는 상황인데. 그 긴 전쟁을 치르고 나서 사람들이 마을에 돌아와 제일 먼저 한 일이, 한국군에 대한 증오비를 세우는 일이었다는 거예요. 한국군이 마을에 와서 어떻게 학살을 했는지 그림이나 글, 도표로 꼼꼼히 기록해두는 일. 베트남 정부도 이 일에 시멘트를 지원했어요. 베트남 정부가 과거를 딛고 미래로 가자고 말하지만, 이렇게 증오비, 위령비가 세워지는 일을 막은 적은 없어요. 실제로 민간인 학살 자료는 아카이브 자료로 남아 있어요. 공식적 기억으로 간직하는 거죠.

우리의 치부를 들춰내 국익에 역행한다는 점에 대해선 어떻게 생각하세요?
절대로 그렇지 않아요. 예를 들면 한국의 '나와우리'라는 단체가 호찌민대 한국어학과 청년들 모임인 '굿윌'과 함께 지난 10년간 베트남 학살 지역에 들어가 꾸준히 마을을 돕는 일을 해왔어요. 거기서 먹고 자면서 집을 짓고 다리를 놓고 길을 내고…… 그런 지역은 한국인이 가도 마을 사람들이 다 튀어나와요. 서로 끌어당기면서 자기 집에서 밥 먹고 가라고. 반면에 아무 작업도 못 했던 지역은 여전히 적대적이에요. 동네 아이에게 사탕을 쥐여줘도 한국 사람이 준 거라며 뿌리치지요. 최근 베트남에서 반중 시위가 나서 21명이 죽었어요. 우리 기업을 중국 기업이라고 오해해서 현지 기업에도 피해가 컸다고 하는데, 현장의 분위기는 이 김에 그동안 쌓였던 (한국에 대한) 감정을 분출한 것이란 말도 있어요. 사람들의 기억과 감정을 억누르면 억누르려 할수록 반감은 더 커져요.

대체 우리에게 베트남은 무슨 의미일까요? 왜 이렇게 베트남 문제에 천착

아픈 이야기를 아프게 들어주는 사람

하시는 거죠?

전 우리의 민낯을 대면할 수 있게 하는 나라가 베트남이라고 생각해요. 우리가 갖고 있던 여러 가지 환상을 깨준 거죠. 백의민족, 평화를 사랑한 민족, 다른 나라를 침략한 적이 없는 민족이라는 역사관을 가진 한국 사람들에게 우리의 민낯을 보여준 걸지도 몰라요. 우리도 굉장히 침략적일 수 있고, 우리도 굉장히 비평화적인 행동을 할 수 있다는 것. 그래서 우리 스스로 안에서부터 경계하지 않으면 잔인하고 비인도적인 범죄를 저지를 수 있다는 걸 베트남이 보여줬어요.

베트남전에 참전한 대가로, 한국군이 피 흘려 벌어들인 돈으로 경제개발계획을 추진하고 산업화를 추진할 수 있었다고 하잖아요.

우리가 베트남전을 통해 벌어들인 특수가 10억 달러라고 하는데, 일본은 단 한 명도 파병하지 않고 한국보다 더 많은 돈을 벌어들였어요. 경제적인 이유가 중요한 동기였다 하더라도, 그 많은 젊음을 전장에 몰아넣고 피 묻은 돈을 벌어들여서 우리가 이룬 것이 실제로 그만큼의 가치가 있는 일이었을까. 우리가 감당해야 할 그 많은 후과들을 남겨놓고 얻어낸 국익이란 것이 그만한 가치가 있었을까. 전 그 점에 동의할 수 없어요.

한국 정부나 베트남 정부 양측 모두 이 일을 공식적으로 들춰내는 걸 꺼려요. 지치지 않으세요?

구수정   163

© 박종식

2018년 4월 22일, 서울 마포구 문화비축기지에서
열린 베트남전쟁 시기 '한국군에 의한 민간인 학살
진상규명을 위한 시민평화법정'이 끝난 뒤 원고석에
선 두 명의 응우옌티탄(동명이인)이 기뻐하고 있다.

학살 문제를 가지고 매일 무덤을 다니며 죽은 사람들 이야기를 듣거나, 살아남았어도 산송장 같은 사람들의 이야기를 듣는 건 쉬운 일이 아네요. 저는 무병 앓는 것 같은 경험을 굉장히 많이 해요. 어떤 형태로든 이 얘기를 토해내야 하는데, 나는 나더러 전달해달라는 얘기의 10분의 1도 전달하지 못한 것 같아요. 못다 한 얘기들은 내 안에 감당할 수 없을 만큼 안고 있어요. 답이 없죠. 다만 절대로 잊지 않고 어떻게든 기회가 생기면 그 이야기들을 꺼내놓거나 하나씩 연결하려고 해요.

2017년 구수정은 오랜 베트남생활을 접고 귀국했다. 그는 한베평화재단의 상임이사로 활동하며 2018년 4월 '한국군에 의한 민간인 학살 진상규명을 위한 시민평화법정'에 증인으로 출석해 증언했다. 시민평화법정(재판관 김영란·이석태·양현아)은 이틀에 걸친 모의재판 끝에 "피고인 대한민국은 원고(학살피해자)들에게 국가배상법 기준에 따른 배상금을 지급하고 원고들의 존엄과 명예가 회복될 수 있도록 책임을 공식 인정하라"라고 판결했다. 시민평화법정의 의미에 대해 한베평화재단은 다음과 같이 설명하고 있다.

시민평화법정은 한국 사회의 명예를 생각하는 운동입니다. 자신이 저지른 과오를 명백히 인정하고, 진심으로 사과하고, 모든 책임을 다하는 것이야말로 성숙한 공동체의 모습입니다. 일본 정부에게 일본군 '위안부' 문제에 대한 법적 책임을 인정하라 외치는 한국 사회라면, 베트남에 대한 책임 역시 마땅히 다해야 합니다. 한국 사회가 이러한 책임을 다할 때, 베트남전 참전군인분들이 견뎌온 고통에 대해 마땅히 이루어져야 할 보상과 예우 역시 훨씬 더 무게감을 갖게 될 것입니다. (2017. 11. 21.)

아픈 이야기를 아프게 들어주는 사람

베트남 평화활동가. 1993년 베트남으로 유학을 가서 호찌민대 역사학과에서 석사 논문을 준비하다 베트남전 당시 한국군에 의해 자행된 민간인 학살 자료를 발견했다. 1999년 이후 베트남의 오지를 찾아다니며 한국군의 무차별 살육에 대한 증언을 채록해서 최초로 공론화했다. 그는 베트남이 우리 스스로도 깨닫지 못한 민낯을 보여주는 거울이라고 믿는다. 2017년 귀국해서 한베평화재단 상임이사로 활동중이다.

일곱번째 · 순간

나는 레즈비언의 엄마,
뽀미입니다

이은재

다니던 직장에서 부당하게 해고된 뒤
집으로 돌아오며 지하철을 탔는데,
갑자기 '지하철 안의 모든 사람들은 나와 다른 세계에 있고,
나만 동떨어져서 혼자만의 세계에 버려져 있다'는
느낌이 왈칵 몰려왔어요. 그 순간이었어요.
아이가 얘기하던 '세상과의 괴리감'을 온몸으로 알게 된 때가.

2016년 6월, 서울시청 앞 광장의 퀴어(Queer·성소수자)문화축제에서
있었던 '성소수자부모모임'의 프리허그 동영상은 소셜미디어를 타고
전 세계로 퍼져나갔고, 국내외 조회수 500만 건을 넘기며 온라인상에
서 뜨거운 화제가 되었다. "괜찮아요! 오세요." 선뜻 다가서지 못하고
머뭇거리는 청년들에게, 엄마뻘 되는 아줌마 서넛이 활짝 웃으며 손
짓을 한다. 쭈뼛거리면서 다가서는 젊은이들을 넓게 팔 벌려 꼭 안아
준다. 그저 한번 껴안아줬을 뿐인데, 젊은이들은 손바닥으로 눈물을
훔쳐내며 어깨를 들썩이고 운다. 엄마들도 같이 운다. 두 볼을 쓰다듬
어 눈물을 닦아주고 양쪽 엄지손가락을 쳐들어 몇 번이고 주문처럼
외쳐준다. "최고예요. 파이팅!" 1분 25초의 짧은 동영상에 많은 사람
들이 함께 눈물 흘리며 공감했다.
이 동영상에 등장하는 엄마를 만나고 싶었다. 그가 인터뷰에 응하는
걸 꺼릴지도 모른다고 생각했다. 지면에 얼굴과 실명을 공개하는 건,
엄마에게도 커밍아웃을 하는 것만큼의 용기가 필요한 일일 테니까.
전해받은 그의 이메일 주소로 인터뷰의 취지를 설명하며 조심스레
동의를 구하는 편지를 썼다. 엄마로서 자식이 성소수자라는 사실을
알았을 때 어떤 마음이었는지, 성소수자인 자식을 있는 그대로 받아

나는 레즈비언의 엄마, 뽀미입니다

들이기까지 어떤 고민과 갈등을 겪었는지, 우리 사회 성소수자들은 어떻게 살고 있는지, 평범한 엄마로서 아이들을 지켜보며 간절히 이 사회에 전하고 싶었던 얘기를 들려달라고 했다. 메일을 보낸 지 한 시간도 안 돼서 그가 응답했다. "엄마의 시선, 엄마의 목소리…… 그 마음만으로 족하다면 언제라도 나설 수 있습니다."

'뽀미'라는 닉네임으로 활동하는 엄마, 이은재씨였다. 큰딸이 레즈비언이라고 했다. 그를 만나러 서울 마포에 있는 성소수자부모모임 사무실로 찾아갔다. 성소수자부모모임(이하 '부모모임')은 행동하는성소수자인권연대(약칭 '행성인')의 회의실을 빌려 쓰고 있다. 건물 현관에도, 사무실 입구에도, 간판은 달려 있지 않았다. 행여 건물주가 꺼릴까봐 이때껏 간판 없이 사무실을 써왔다고 했다. 문을 열고 들어서니, 깔끔하게 정리된 서가에 성소수자 실태와 제도, 인권 문제에 대한 자료가 가지런히 정리되어 있고, 예쁜 문방구처럼 갖가지 브로슈어와 알록달록한 스티커, 배지, 무지개색 갈기를 가진 작은 마스코트 인형들이 아기자기하게 진열되어 있었다. 부모모임이나 행성인에서 외부 행사에 나갈 때 홍보용으로 가지고 가는 물품들이라고 했다.

뭐라고 부르는 게 편하세요?

여기선 서로 닉네임으로 불러요. 뽀미가 원래 포미for me라는 뜻이에요. (웃음)

저도 부모모임 프리허그 동영상을 보면서 울컥했습니다. 저렇게 등 두들겨 주고 안아주는 사람이 여태 없었구나 싶더군요.

처음엔 저도 '날도 더운데 와줄까?' 걱정했어요. 시작할 땐, 계속 소리 쳐서 사람들을 불렀어요. '오세요, 엄마 마음으로 안아드릴게요.' 그렇게 불러도 이 친구들이 선뜻 다가오지를 못해요. 대개가 내성적이고 자기표현이 익숙하지 않아서인지, 몇 걸음 다가서는데도 큰 용기가 필요해요. 올까 말까 하는 친구와 눈이 마주치면 괜찮다고, 오라고 손짓하고, 그렇게 나한테 쭈뼛쭈뼛 다가오면서부터 울먹이기 시작해서 와락 안기면서 눈물을 쏟아내요. 그냥 따뜻하게 한번 안아주는 게 정말 힘이 되는 거구나 깨달았죠. 원래 30분 예정이었는데 다음 행사 때문에 접어야 한다고 할 때까지 한 시간 반이 넘도록 땀 뻘뻘 흘리며 울고 안아주고 그랬어요.

그날 행사를 기록한 동영상이 국내외적으로 큰 반향을 불러일으켰어요. 영어 자막이 달린 해외용 동영상은 조회수가 475만 건가량 되던데요. 이렇게까지 화제가 될 줄 아셨습니까?

외국인들의 페이스북 친구 신청이 확 늘어났어요. "미얀마에 사는 22살 레즈비언입니다. 힘을 받고 있습니다." 이런 메시지를 보내오기도 하고요. 제 딸한테 물었죠. "허그 한번 한 것뿐인데 왜 이렇게 많은 사람들이 공유를 하고 댓글을 달아주는 걸까?" 제 딸이 그러더라고요. 엄마는 아마 모를 거라고. 그간 나온 퀴어퍼레이드 관련 기사엔 대부분 부정적인 얘기만 있었대요. 선정적인 의상, 선동적인 글귀, 기독교와의 논쟁 이런 거였지 한 번도 긍정적인 기사가 나온 적이 없는데, 이 프리허그 동영상과 기사는 퀴어퍼레이드의 자연스럽고 긍정적인 에너지를 대변해주는 첫번째 기사였다고…… 근데 이게 긍정적인 첫번째 기사였다니 오히려 조회수가 100만, 200만이 넘었다고 해도 참 씁쓸하더라고요. 너도나도 안아줬으면 이게 무슨 이슈가 됐을까. 얼마나 이 애들을 세상이 안아주지 못했던 걸까 싶어서.

성소수자 부모라는 걸 밝히면서 거리에 나서는 것도 쉬운 일은 아니었을 것 같아요. 부모모임은 어떻게 만들어졌죠?
2014년에 행성인(당시는 동성애자인권연대) 사무실에 게이 아들을 둔 엄마가 전화를 해서 다른 성소수자 부모들을 만나보고 싶다고 했대요. 알음알음으로 여섯 명이 모여서 시작했는데, 2년 만에 23명이 됐어요. 2016년 초 홈페이지 만들 때 동영상을 올리면서 부모들 얼굴을 처음 공개했는데, 찍을까 말까, 가면을 쓸까 말까 한 6개월 동안 설왕설래한 것 같아요.

부담스러워하시는 심정도 이해가 갑니다.
부모들도 부모들이지만, 엄마들이 하겠다고 해도 애들이 말리는 경우가 많았어요. "어머니들이 생각하는 것만큼 단순하지가 않습니다. 다른 가족분들한테 의사를 물어보세요" 하고. 나서겠다는 엄마들보다 성소수자인 아이들이 가족 걱정을 더 했어요. 결국 홈페이지 동영상에 부모들 얼굴이 나갔는데 그게 또 허핑턴포스트에 기사로 실린 거죠. 뭐, 그리고 나니 이번 프리허그 행사에 얼굴을 내미는 건 아무렇지도 않던데요. (웃음) 일일이 제가 찾아다니면서 커밍아웃하기보다 차라리 이런 계기로 주변에 자연스럽게 알리고 싶었는데, 저희 언니 오빠는 뉴스도 안 보고 드라마만 보시나, 저한테 아직 아무 연락이 없어요. (웃음)

최근 몇 년 동안 우리 사회에서도 성소수자 인권에 대한 관심이 높아졌어요. 서울에서 열린 이번 퀴어퍼레이드에는 성소수자뿐 아니라, 가족 단위로 참석한 일반 시민도 많았다면서요. 그런데 한편으론 그에 못지않게 성소수자에 대한 혐오세력도 막강해졌어요. 지난 20대 총선에서는 동성애 반대를 기치로 내건 기독자유당이 2.6퍼센트를 얻어서 비례대표 의석 확보에 근접하는 득표를 하기도 했고요.

젊은 친구들을 보면 성소수자에 대한 인식이 개선되고 있다고 느껴요. 이 친구들이 미국 드라마를 즐겨 보는데, 거기 나오는 성소수자가 특별히 나쁜 이미지로 그려지기보다는 '같이 사는 인물'로 등장하는 경우가 많잖아요. 반면에 보수 기독교 세력들은 최근에 대규모 '치유센터'를 건립해 '전환치료'가 가능하다고 주장하면서 성소수자에 대한 혐오의식을 퍼뜨리고 있지요.

나는 레즈비언의 엄마, 뽀미입니다

전환치료가 뭐예요?

성소수자를 치료하면 일반인처럼 될 수 있다는 거예요.

상담치료나 약물요법으로 실제로 '치료' 효과를 거둘 수 있나요?

그렇게 해서 바뀔 수 있는 거면 우리 친구들(성소수자들)도 다 바꾸려고 했을 거예요. 그렇게 엄청난 혐오와 편견에 손가락질 받고 있는데, 바꿀 수 있다면 왜 안 바꾸겠어요? 게이 친구들 사이에 유행어가 하나 있는데, '일틱하다'는 말이 있어요. '일반인틱하다' '일반인스럽다'는 뜻이에요. 어떤 모임에 갔는데, 누가 일틱하다고 하면 그 친구는 굉장히 킹카인 거예요.

일반인 같은 친구가 인기 있다는 뜻인가요?

그렇죠. 자기들도 바뀌고 싶은데 그게 안 되는 거예요. '게이하다'라는 말도 있어요. 손짓, 몸짓, 발짓, 그런 게 '게이스럽다'는 거죠. 그걸 누가 가르쳐줘서 아나요? 상담받고 치료받아서 바꿀 수 있는 거면 아무도 동성애자로 남아 있으려 하지 않을 거예요. 의학적으로도 동성애가 질병이 아니라는 게 밝혀져서, 미국에선 1973년에 정신질환 분류 목록에서 삭제되었고요. 세계보건기구에서도 1990년에 동성애를 질병 부문에서 뺐어요. '치료'해서 없앨 수 있는 게 아닌 거죠. 성적 지향이나 성 정체성을 억지로 바꾸려는 어떤 시도도 실제 효과가 없었다는 게 이미 국제적으로 증명되었다고요.

실제로 성적 지향이나 성 정체성은 타고나는 거란 말씀이세요?

2011년에 미국에서 조사한 결과를 보면 100명 중 3.5명이 성소수자
래요. 한 반 30명 중 한 명꼴로 있다는 얘기죠. 몰라서 그렇지 주변에
많을 거예요. 연구 결과로는 성소수자가 자신의 성별 정체성을 처음
깨닫는 건 네 살 무렵이고, 성적 지향을 처음 자각하는 평균 나이는
열세 살이래요.

자각 시점이 생각보다 굉장히 빠르군요.

네. 그런데 그후에 아이들이 그런 자기 모습을 스스로 인정하게 되기
까지 시간이 오래 걸려요. 숨길 수 있을 때까지 숨기는 거죠. 자기들
도 엄청 혼란스러울 거 아니에요? 이게 진짜인가? 나는 저주받은 건
가? 나는 살아가도 되는 존재인가? 그러다가 용기를 내서 부모한테
커밍아웃을 하는데, 자기를 낳아준 부모조차 자기를 받아들이지 못하
면 깊이 절망하고 좌절하죠. 우리나라 청소년 성소수자의 77.4퍼센트
가 '자살을 생각해본 적이 있다'고 하고 실제로 '자살을 시도해봤다'
는 응답자도 47.4퍼센트래요.

"엄마, 나는 여자가 좋아"

그의 입에선 성소수자에 대한 연구결과며 통계수치가 줄줄 나왔다.

나는 레즈비언의 엄마, 뽀미입니다

그가 처음부터 성소수자 문제에 대해 전문적 지식을 가지고 있었던 건 아니다. 처음엔 그도 황당하기만 했다. 집안 내력에 성소수자가 있던 것도 아니고, 부부간에 특별히 문제가 있었던 것도 아닌데 왜 이런 일이 생겼을까. 그의 친정아버지는 엄격하고 고지식한 초등학교 교사였고, 아버지의 권유로 그도 서울에서 교육학을 전공했다. 사물놀이 동아리에서 만난 남편과 "운명적인 사랑에 빠져서" 결혼했고 아이를 낳고서 상담심리학 석사 과정을 마쳤다. 착실하고 진중한 남편은 교사로 재직중이다. 두 딸을 낳고 평범한 주부로 살던 그의 인생에 큰 변화가 닥친 건 큰딸이 고등학생이 되던 해였다.

딸이 성소수자라는 걸 어떻게 아셨어요?

우리 아이가 열일곱 살 때인데, 펑펑 운 얼굴로 자기 침대에 엎어져 있는 거예요. 그런데 책상 위에 편지가 있길래 슬쩍 봤더니 연애편지더라고요. "고등학생이 할 일이 얼마나 많은데 연애감정에 휩싸여 있냐?" 야단을 쳤죠. 그랬더니 딸이 "그거 ○○(여자친구)한테 보내는 거란 말이야!" 하더라고요. 그러고 며칠 후에 그 친구 엄마한테 전화가 왔어요. 당신 딸이 우리 딸을 좋아한다고 학교에 소문이 났으니, 당신 딸을 빨리 전학시키라고. 그래서 딸한테 무슨 일이냐고 물으니까 그러는 거예요. "엄마, 나는 여자가 좋아."

그맘때 여학생들 간에는 그런 미묘한 감정이 있을 수 있지 않나요? 그 무렵

엔 서로 연인처럼 좋아하기도 하고, 누가 끼어들면 질투하기도 하고.

저도 그래서 "네가 성인이 돼서 다시 얘기해보자" 그랬어요. 그러곤 고등학교 졸업할 때까지 지켜본 거예요. 얘기 듣고 2주 후에 남편한 테 "자기야, 당신 딸이 여자가 좋다던데" 하고 일부러 가볍게 얘기를 던졌죠. 남편도 "다시 돌아오겠지" 하곤 서로 별다른 얘길 안 했어요. 서로 표현을 안 하고 딸을 조용히 관찰했던 것 같아요.

겉으로 내색은 안 해도 부모 모두 고민이 깊으셨겠어요.

그 말이 잊히지가 않아요. "엄마, 나는 여자가 좋아"라고 했던 그 문장 이 (팔을 쓰다듬으며) 피부에 딱 붙어서 떼어지지 않는 거 같았어요. 밥 먹을 때나, 거울 볼 때나, 잠자려고 누울 때나, 그 소리가 안 없어져요. 나중에 '그렇구나. 괜찮아. 너는 충분히 아름다운 존재고 살 만한 가 치가 있어'라고 인정하고 그 소리가 충분히 내 몸안으로 스며들어왔 을 때에야, 비로소 피부에 붙어 있던 그 소리가 사라진 것 같아요.

'내 딸이 변할 수 없겠구나' 수용한 건 언제예요?

항상 상상했죠. 대학에 가면 "엄마, 내가 착각했나봐. 진짜로 멋진 남 자를 만났어" 이런 얘기를 해주지 않을까…… 대학 가서 딸애가 실제 로 남자친구를 사귄 적도 있고요. 그래서 "너, 남자친구도 있었잖니?" 라고 물었죠. 그랬더니 딸이 "응, 사귀어봤어. 나도 진짜 내가 어떤 건 지 시험을 해봤어. 근데 엄마, 가슴이 떨리지를 않아" 하더라고요. 그래서 남자친구한테 오히려 죄책감이 들어 헤어질 수밖에 없었다고. 그렇다면 정말 어쩔 수 없겠구나 생각하게 되었어요.

그뒤로는 진심으로 딸을 인정하고 수용하셨나요?

그게 또 아닌 것이, 열일곱 살 때 처음 얘길 듣고 제대로 이해하기까지 6년이 걸렸어요. 나도 소위 똑똑하고 잘난 체하는 엄마였거든요. 딸이 레즈비언이란 걸 알고도 "네가 동성애자이고 그게 안 바뀐다고 하면 엄마도 더이상 뭐라 하지 않을게. 하지만 동참하진 않을 거야" 했거든요.

그게 무슨 뜻이죠? '너는 너대로 살아라. 난 모른 척하겠다' 그건가요?

그렇죠. 나중에 들었는데 제 딸이 그 말을 듣는 순간, '엄마를 잃었다'는 생각에 '죽고 싶었다' 하더군요. 동생이 있지만 동생도 결혼하면 1년에 한 번 볼까 말까 할 거고, 이성애자인 친구들도 결혼하면 그만인데, 만난다고 한들 제 속에 있는 말 다 하면서 위로받고 이야기를 나눌 수 있겠나 싶었대요. 엄마도 잃고 아빠도 잃고, 그러면 세상에 저 혼자 남는 건데 이 세상에 살아갈 이유가 있을까, 그래서 죽고 싶었다고요.

그런데 6년 만에 어머니 생각이 달라진 계기가 뭐죠?

제가 다니던 직장에서 1년 전에 해고를 당했어요. 나로선 정당하고

이은재

옳은 일을 했다고 믿는데 조직에선 아무도 내 얘기를 받아들이지 않고 절 배척하더라고요. 그렇게 해고되고 집으로 돌아오는 날 지하철을 탔는데, 어느 순간 갑자기 '지하철 안의 모든 사람들은 나와 다른 세계에 있고, 나만 동떨어져서 혼자만의 세계에 버려져 있다'라는 느낌이 왈칵 몰려왔어요. 그 순간 '아, 이 괴리감이 우리 딸이 끊임없이 내게 말하던 그것이구나' 싶었지요. 내 딸이 늘 이런 느낌으로 살아왔구나……

같이 있어도 이방인으로 취급받는 느낌?

딸한테 제가 그랬었거든요. "누가 너의 섹스라이프를 궁금해하겠어? (네가 동성이랑) 연애하는 것만 밖으로 드러내지 않으면 될 거 아냐?" 그게 얼마나 가슴 아픈 폭언이었는지 새삼 느꼈어요. 누구를 사랑하며 사는 것이 사람이 사는 데 근원적인 에너지가 되고, 그게 사회적으로 자신의 가치와 자존감을 세우는 것으로 이어지는데, 난 그걸 분리하라고 한 거예요. 사랑하는 걸 숨기고 살라고, 아이는 온통 '세상에 맞서 나 홀로 싸움'을 하고 있는데, 엄마란 자가 모진 소리를 한 거죠. 그날 딸한테 진심으로 사과했어요. "네가 얼마나 외로운 싸움을 하고 있는지도 모르고, 내가 미안했다. 오늘 내가 직접 겪어보고 나서야 네 맘을 이해하겠구나." 그러니까, 눈만 껌벅껌벅하며 듣던 딸이 눈물을 주르르 쏟더라고요. 둘이 손잡고 펑펑 울었어요.

나는 레즈비언의 엄마, 뽀미입니다

행복해야 해! 인내심 있게

레즈비언인 딸의 외로움을 이해하는 것과 '레즈비언의 엄마'로 세상을 향해 목소리를 내는 것은 또다른 문제일 수 있어요. 성소수자 부모로 자신을 드러내기까지 가장 큰 어려움은 뭔가요?

(허공을 응시하며 한참 생각하다가) 체면? 음…… 체면인 것 같아요. 직장에서 불이익을 당할까봐 스스로 밝히지 못한다고 생각할 수도 있지만, 실제로 가족이나 친척, 친구한테도 사실대로 밝히지 않는 경우가 많거든요. 결국은 체면 때문인 거죠.

근데 뽀미님은 어떻게 그걸 극복하셨죠?

여기 부모모임에 나오면 매번 쭉 둘러앉아서 자기소개부터 해요. "저는 레즈비언 딸을 둔 엄마, 뽀미입니다." 이렇게 '레즈비언 딸을 둔 엄마'라는 자기소개를 계속하는 거죠. 내 입으로 말하고, 내 목소리를 내 귀로 계속 듣는 거예요. 사실 처음에는 레즈비언이라는 단어를 입에 담기조차 힘들어요. 낯설고 원치 않는 이름이니까. 그런데 자꾸 하다 보니까 자연스러워져요. '나 레즈비언 딸 뒀어. 그게 뭐?' 하는 생각이 들죠. 나는 레즈비언 엄마, 누구는 트랜스젠더 엄마. 여기 온 아이들도 '나는 여성 동성애자입니다' '남성 동성애자입니다'라고 얘기해요. 내가 특별히 무슨 인권운동가여서 거리낌이 없는 게 아니에요.

아이를 키우는 엄마 입장에서 닥쳐보면 알아요.

동성애자 부모라고 하면 여전히 불편한 반응을 보이는 분들도 계시죠?
'동성을 사랑하는 사람'이라고 말하면 '아 그래? 그런 사람도 있을 수
있지'라고 받아들이는데, 한자어 '동성애자'라고 하면, '성애자'에 방점
이 찍혀버려요. '아동성애자'라고 할 때처럼 성행위를 먼저 떠올리죠.

변태라고요?
예. 이성을 사랑하는 사람이라고 할 때 우리가 '이성애자'라고 하진
않잖아요. 동성애자라는 단어는 '더럽다, 변태자들, 건전하지 않은, 건
강하지 않은 존재, 바이러스 같은 존재' 이런 이미지로 형상화되어 있
어요. 이게 혐오의 시작이죠. 그런데 우리가 정작 던져야 하는 질문
은 다른 거예요. '이 세상을 살면서 누구와 함께 살고 싶은가?' 저라
면, 날 이해해주고, 위로해주고, 서로 대화하고, 서로 웃으면서 밥 먹
고, 손잡고, 안아주고, 같이 잠들고 그럴 수 있는 사람과 같이 살고 싶
을 거예요. 그 대상이 성이 같은 사람이라고 해서, 그 누가 비난을 하
겠어요. 진정 사랑하는 사람을 찾아 진지하게 고민하는 이들을 변태
로 낙인찍는 사람들은, 과연 진정으로 사랑하는 사람을 찾았을까요?

**자식한테 무슨 일이 생기면 내 탓이 아닐까 자책을 하는 게 부모 마음이잖
아요. 그런 마음 때문에 부모로서 자식이 성소수자라는 걸 인정하기가 더**

나는 레즈비언의 엄마, 뽀미입니다

어려울 수도 있어요.

부모 탓이 아닙니다. 이게 유전자나 환경 탓이라면, 같은 환경에서 나고 자란 형제가 판이하게 다르다는 게 설명이 안 돼요. 저도 딸 둘을 낳았지만, 실제로 아들 하나 딸 하나 키운 것 같아요. 어려서부터 달라도 너무 달랐어요. 큰애는 블록이나 농구공 좋아하고, 게임하고 스케이트하고 바퀴 달린 것 좋아하고, 작은애는 화장품세트, 분홍색 좋아하고 치마 좋아하고. 언니 옷을 물려받을 수가 없었다니까요.

둘째는 언니가 레즈비언인 걸 아나요?

큰애가 고1 때 동생한테도 얘기했대요. '언니가 여자를 좋아해' 그러니까 중1짜리 동생이 딱 두 마디 했대요. "헐, 괜춘!(괜찮아)" (웃음) 지금 둘째도 대학 들어갔는데, 남자친구 만나면서 그랬대요. "우리 언니가 동성애자인데, 괜찮아?" 상관없대서 사귀기로 했다고 하더라고요.

지금 큰따님은 사귀는 친구가 있나요? 만나보셨어요?

작년 11월 부산에서 부모모임이 열렸어요. 초청을 받아 딸애랑 부산에 갔는데, 그때 둘이 딱 눈이 맞은 거죠. 신기하게도 서로 첫눈에 반했대요. 서울, 부산으로 떨어져 있어서 장거리 연애를 하는데, 대학 4학년이라 취업 문제로 서울에 오거나, 제 딸을 만나러 서울로 오면, 저희 집에서 재워요. 편하게 지내다 가라고 하고. 아침을 차려줘요. 딸을 하나 데려오는 느낌이지 전혀 이상하다는 느낌이 안 들어요.

성소수자부모모임에서 꼭 이루고 싶은 일은 뭐예요?

동성결혼 합법화요. 나나 남편은 먼저 죽을 텐데, 우리 딸이 누군가를 만나서 가정을 이루고 서로 위로하면서 늙어가는 걸 보고 죽어야 마음이 놓일 것 같아요.

좋아하는 사람하고 같이 사는 것만으론 안심이 안 되나요? 결혼이 중요한 이유가 뭐죠?

수십 년을 같이 살아도, 갑자기 응급실에 실려가 수술을 받아야 할 때 동성 배우자는 사인을 할 수가 없어요. 어느 한쪽이 먼저 죽으면 연금도 보험도 상속도 못 받고, 정작 같이 산 사람보다 먼 친척한테 우선권이 돌아가요. 우리더러 왜 사냐고 물으면 자식 때문에, 가족 때문에 산다고 하잖아요. 합법적인 가족을 가지는 건 '평생 살아야 하는 이유'를 만드는 거예요.

끝으로, 여전히 고민하는 성소수자들에게 엄마로서 조언을 해주신다면?

…… (고개 숙이고 한참 생각하다가) 행복해야 해! 인내심 있게.

그의 눈에 눈물이 맺혔다. 그날 그가 건네준 「성소수자 자녀를 둔 부모 가이드북」에는 이런 글귀가 있다. "자녀가 행복한 삶을 살 수 있을 것임을 믿기." 그 믿음을 현실로 만들기 위해 그는 세상의 증오와 편견에 부딪쳐 싸우고자 한다. 그는 "레즈비언 딸을 둔 엄마", 뽀미다.

2016년 6월 11일 서울시청 앞 광장에서 열린 퀴어문화축제에서 행진을 하는 성소수자부모 모임 회원들. 부모의 시선으로 성소수자의 진실을 이해하고 존중하기까지, 부모들은 고통 어린 각성의 과정을 함께 겪는다. 레즈비언 딸을 둔 엄마, 뽀미 이은재도 '세상 밖에 혼자 버려진 괴리감'을 공감하기까지 오랜 시간이 걸렸다. 동성애는 질병이 아니고 부모나 가정환경 탓도 아니다. 성소수자의 '사랑할 권리'를 주장하며 그들은 세상의 편견에 맞서 싸운다.

여덟번째 · 순간

원시적 감각의 힘

손아람

오늘날 진보와 보수를 막론하고 인간에 관한 모든 정치적 의제는
사악한 적이 아닌 무관심과의 싸움입니다.
무관심을 어떻게 이길 수 있을까요?
압도적인 옳음으로?
냉철한 논리로? 우아한 지성으로?
저는 차라리 유머, 눈물, 분노, 연민, 매력 같은
원시적인 감각의 힘을 믿습니다.

어젯밤엔 가득찼지만 지금은 빈 담뱃갑을 바라보며/ 동전을 모아보지만 천 원은 어림도 없고/ 쑥스러워함도 잠시 빈 소주 일곱 병을 모아/ 한잔을 만들어내고 도무지 어이없어 웃지/ 냄비 아래 깔아 쓰던 3년째 못 읽은 괴델의 위에 라면을 쏟았네/ 꿈꾸는 소년에서 걸어다니는 비극으로 전락한 나는/ 괴델의 책을 어루만지며 아쉬워하지/ 잃어버린 꿈? 아니 흘린 라면을…… (진실이 말소된 페이지, 〈대학생은 바보다〉 중에서)

손아람은 래퍼였다. 1998년 고교 동창들과 힙합그룹 '진실이 말소된 페이지'를 결성하고 〈대학생은 바보다〉〈어머니〉〈타다 만 담배를 끄다〉처럼 사색적이고 사회비판적인 곡을 발표해서 상당한 마니아층을 형성한 뮤지션이었다. 속사포 랩을 구사하는 '손 전도사'로 알려졌던 그는, 10년 후 자신의 밴드 경험을 바탕으로 『진실이 말소된 페이지』(2008)를 발표하며 소설가로 등단했고, 용산참사를 소재로 한 『소수의견』(2010)에 이어, 90년대 학생운동 세대의 꿈과 좌절을 그린 『디 마이너스』(2014)를 출간했다.

손아람의 소설은 차갑고 달콤한 아이스크림과 뜨겁고 쌉쌀한 에스프레소가 두 겹의 맛을 내는 아포가토와 같다. 젊은이의 발랄함과 서사

원시적 감각의 힘

적인 묵직함이 씨줄과 날줄처럼 교차한다. 용산참사를 모티프로 한 법정 드라마나 치열했던 90년대 대학가 운동권 얘기 속에서도, 그의 소설엔 간간이 '푹~' 실소를 터뜨리게 하는 유머와 위트가 있다. 죽음과 폭력과 취조와 배신을 얘기하는데도 그의 작품엔 따뜻하고 훈훈한 온기가 감돈다. 이문구의 능청스러움과 윤흥길의 페이소스, 공지영 후일담문학의 적막함이 언뜻언뜻 스치고 지나간다.

손아람은 1980년생이다. 나 같은 오십대가 1980년 5·18 광주를 이정표 삼아 성인식을 치렀다면, 그는 1997년 김대중 대통령 당선을 기점으로 성인이 된 세대다. 그의 최근작 『디 마이너스』는 1997년부터 2007년까지 학생운동을 했던 젊은이들의 이상과 좌절을 그렸다. 세상은 이 시절의 청년들을 취업난에 맞닥뜨린 'IMF세대', 연애·결혼·육아를 포기한 '삼포세대'라고 부르지만, 그들이 삶의 좌표를 세우던 이십대 청년 시절에 어떤 일이 있었는지, 무엇을 꿈꾸고 어떤 상흔을 가졌는지는 자세히 알지 못한다. 발랄하지만 가볍지 않고, 묵직하지만 지루한 걸 질색하는 삼십대 손아람을 통해서 그들 세대의 얘기를 듣고 싶었다. 서울 망원동의 찻집에서 그를 만났다.

〈소수의견〉은 영화로도 개봉되었죠. 솔직히 저도 영화 보고서 소설책을 산 독자 중 한 사람이에요. 불행하게도 윤계상 사진이 들어간 판본은 구하지 못했지만. (웃음)

하하, 네.

그 영화에 카메오로 직접 출연도 했다던데, 어느 대목에 나오셨는지 기억이
안 나요.

법무부 젊은 직원으로 나왔어요. 100원 소송 내러 온 유해진씨를 보
고 "변호사님, 경력 낭비하지 마세요!"라고 말하는…… 유해진씨가
"지 경력에 넣을 거라곤 토익점수밖에 없게 생긴 법무부 애송이"라고
말하는, 바로 그애죠.

연기가 너무 자연스러워서 그랬나? 기억에 남을 만큼 특별히 인상적이지
않았어요. (웃음)

딱 한 컷 나와요. (웃음) 제가 영화 각본 작업을 했는데, 원래 제가 쓴
대본엔 없었어요. 나중에 감독님이 선물로 주신 컷이죠.

원작자가 영화 각색에 참여하는 경우는 흔치 않은 걸로 아는데요.

저도 사실 빠지고 싶었어요. 각본 작업에 매달리면 최소한 몇 달, 길면
1년까지 또 그 작품에 파묻혀 있어야 하니까요. (다른 새로운 작품을 해
야 하는데) 여기서 못 빠져나가게 될까봐 안 하려고 했어요. 게다가 영
화 작업이라는 건 많은 사람들을 염두에 두고 하는 일이라서, 신파에
빠진다든가 제가 원하지 않는 톤으로 갈 위험성도 있다고 생각했거
든요. 근데 김성제 감독이, 이 작품에 전문적인 영역(법조계 이야기)이
많이 등장하니까 다른 작가를 붙여서 각색하면 오류가 생길 수도 있
고 비효율적이라고, 제가 했으면 좋겠다고 하더라고요. 한 달이 넘도

록 설득을 하셔서서 맡게 되었는데, 다행히 감독이나 영화사 쪽에서 원작을 지키는 걸 굉장히 중요하게 여겨주셔서, 저로선 고마운 일이죠.

〈소수의견〉은 용산참사를 모티프로, 재개발지역 철거민과 경찰의 충돌 과정에서 발생한 죽음을 둘러싼 법정공방을 다루고 있다. 소설에 나오는 대부분의 에피소드는 실제 판례와 실화를 차용해 쓴 것이다. 국가를 상대로 한 100원 소송은, 지율 스님이 조선일보에 대한 정정보도를 위해 제기한 10원 소송에서 영감을 받았고, 국민참여재판을 회피하기 위해 증인을 60명이나 신청하는 검찰의 꼼수도 실제 용산참사 재판에서 따온 것이다. 취재를 하는 데는 1년 가까이 걸렸지만, 머릿속 이야기를 글로 풀어내는 데는 긴 시간이 걸리지 않았다. 책으로 400쪽 분량의 장편소설을 단 40일 만에 써내려갔다. 무언가에 홀린 듯, 이끌리듯 써내려간 작품이었다.

40일 만에 끝냈다니, 그럼 하루에 몇 장씩 썼단 얘기예요?
사전 준비기간은 1년 가까이 걸렸지만 막상 글을 쓸 때는 정말 제 인생 최고로 집중해서 썼어요. 밥 먹는 시간 빼고 하루에 열대여섯 시간씩 거의 쉬지 않고 쓴 셈인데…… 자다가도 벌떡 일어나서 바로 책상 앞에 앉아 쓰기도 하고, 공판 부분을 쓸 때는 하루에 원고지 200매 분량을 쓴 날도 있었죠.

손아람

누가 봐도 용산참사를 소재로 한 게 분명한데 글머리에 "사건은 실화가 아니다. 인물은 실존하지 않는다"라고 강조를 했어요. 겁나셨어요?

아니요. 오히려 너무 리얼해서요. 디테일에서 실제와 다른 부분이 있는데 사람들이 이걸 다큐멘터리처럼 모두 실제 사건으로 받아들이면 안 되잖아요. 그런 디테일의 차이 때문에 용산참사의 실제 팩트를 사람들이 오해하게 될까봐서 쓴 글이에요.

국민참여재판 장면이 인상적이었어요. 우리나라에선 배심원 평결이 어떻게 나오든 판사가 그와 다른 판결을 내놓을 수 있다는 걸, 전 이번에 처음 알았거든요. 배심원들이 무죄라고 평결해도, 판사는 유죄판결을 내릴 수 있단 거잖아요.

우리나라에선 국민배심원들의 결정이 구속력이 없어요. 그냥 권고사항일 뿐이에요. 워낙 '사법제도가 폐쇄적이다'란 비판이 많으니까 국민참여재판 도입은 했는데, 사법민주화를 보여주는 형식적인 퍼포먼스로 간주하는 것 같아요. 그나마도 실제 용산참사 재판에선 (국민참여재판제도가) 채택이 안 되었죠. 검사가 증인을 60명이나 신청하면서 절차상 어렵다고 기각되었어요.

그랬군요. 근데 소설에선 검사가 60명의 증인을 신청했을 때 판사가 '꼭 필요한 사람만 추려서 신청하라'고 나왔죠.

예. 소설은, 용산참사가 그렇게 해서 국민참여재판으로 진행되었다면

원시적 감각의 힘

어땠을까 가상하고 쓴 글이에요.

영화에 나온 것처럼 실제로 국민참여재판을 전담하다시피 하는 공판검사가 따로 있어요?

제가 방청한 여러 건의 국민참여재판은 모두 한 명의 여자 검사가 담당했는데요, 그 검사의 말투를 그대로 따와서 대사화한 부분도 있습니다. 배심원들한테 "여러분, 식사하셨습니까?" 인사말로 시작하는 부분.

아, 실제로 그랬어요?

그뒤를 이어서 늘 이렇게 말해요. "저는 긴장이 돼서 식사를 못 했네요. 매번 하는 재판인데 왜 이러는지 모르겠어요. 언젠간 저도 익숙해질 날이 오겠죠?"라고. (웃음)

생글생글 웃으면서 칼을 휘두르는군요. 근데 그 여자 검사는 실제 인물을 모델로 한 것 아닌가요? 세련된 외모와 옷차림, 또박또박하고 나긋나긋한 말투...... 한눈에도 법조인 출신의 어떤 여성 정치인을 연상시키던데. 극중에도 ○○학원 둘째 딸이라고 나오고.

감독님은 그런 이미지를 염두에 두고 배우를 캐스팅하셨을 수 있어요. 제가 쓸 때는 특정인을 생각한 건 아니었고요. 그런 생각은 있었죠. 학교 다닐 때 보면, 너무 좋은 집안에, 예쁘장하고, 공부 잘하고, 호감 가는 사람인데 세계관 자체가 너무 순진한, 그래서 미래가 참 걱정되는 사람들 있잖아요. 그런 종류의 사람이 검찰에서 중책을 맡게 되면 어떨까 상상하고 썼어요.

『소수의견』을 통해서 작가로서 하고 싶었던 얘기는 뭐예요?
가장 큰 것은 '법의 절대성에 대한 의문'이죠. 법은 절대적인 기준이 아니다!

법정을 소재로 한 소설이나 영화에서, 영화 〈변호인〉도 그랬듯이 '법정신으로 돌아가자. 최소한 법이라도 지켜라!' 하면서 법의 신성함을 옹호하는 경우가 많은데 좀 다른 시각이군요.
법은 기껏해야 50~60년짜리 안목이에요. 대한민국 정부가 수립된 1948년을 기준으로 봐도 법은 60~70년밖에 안 되었죠. 우리가 가진 감정이나 상식은 최소 수백 년에서 수천 년짜리 규범인데, 종종 그 두 가지 규범이 충돌할 때 고작 60년짜리 규범이 절대적인 기준처럼 얘기되는 경우가 많아요. 법은 인간이 만든 거고 얼마든지 개정 가능한 건데, 마치 신이 던져준 것처럼 이해되는 경우가 많잖아요. 우리가 그렇게 믿기 때문에 법이 불법을 정당화하는 일이 빈번하게 일어나죠.

법이 불법을 정당화한다고요?
통합진보당 해산 결정도 그런 사례라고 생각합니다. '반국가단체를 해산할 수 있다'는 조항과 '국가는 정당을 보호해야 한다'는 조항이

원시적 감각의 힘

둘 다 법에 있어요. 그런데 헌재가 이 법률을 한쪽으로 해석하는 순간 이의 제기를 할 여지가 없어지죠.

손아람이 법의 한계와 소송 과정에 대해서 특별한 관심을 갖게 된 건, 힙합밴드 시절 자신이 겪었던 실제 경험과 무관하지 않다. 안양고 등학교 동기들과 '진실이 말소된 페이지'라는 그룹을 만들고 언더그라운드에서 꽤 알아주는 뮤지션으로 각광을 받았지만 대형 음반사와 잘못 계약을 맺는 바람에 길고 지루한 법정공방을 이어가야 했다. 음반을 내준다는 약속을 차일피일 미루면서 돈 한푼 안 주고 붙잡아두는 대형 기획사의 노예계약 때문이었다. 5년여에 걸친 긴 소송에서 결국 승소는 했지만 그사이 그룹은 해체되고 음악활동은 중단되었다. 다행인 것은, 그때의 소송 경험이 그의 소설에 좋은 소재가 되었다는 점이다.

음악이든 영화든 소설이든
결국 모두 같은 일

고교 시절부터 뮤지션활동을 했으면서도 서울대 미학과에 입학했어요. 그리고 소설가가 되었고요. 이런 얘기 들으면 대부분의 사람들 반응은 어떨까요? 존경스러워하기보다는 좀 짜증을 낼 것 같은데. (웃음) 아이큐 테스트도

만점을 받았다면서요? 아이큐 만점짜리는 처음 뵙니다.

(겸연쩍은 표정으로) 출판사에 그런 것 좀 홍보 포인트로 삼지 말라고
계속 얘기하는데……

궁금해서 그러는데, 만점 받으면 아이큐가 몇이에요?

보통 156까지 측정되거든요. 평균이 100인데 156이면 1.5배 똑똑하
다 이런 뜻이 아니고요, 이게 정규분포 지수라서…… 여튼 좀 사기성
포장이 있어요. 인간의 지적 능력의 차이라는 게 너무나 미세한데, 작
가가 그런 걸로 얘기되는 건 좀 부끄럽죠.

**타고난 재능이 뛰어난 사람들 보면 그런 생각 들잖아요. '쟤는 자기 하고 싶
은 거 다 하고 사는구나' 하는…… (웃음)**

저는 재능이 여러 개라고 생각하지 않아요. 저에겐 하나예요. 글을 쓰
는 일. 음악을 할 때도 랩 가사로 언어적인 걸 음성화했을 뿐, 영화든
칼럼이든 소설이든 다 같은 일이죠. 호기심 때문에 관심이 가면 일단
뛰어들어서 해보는 편이에요.

'하다가 망하면 어쩌지' 하는 생각 안 하세요?

망해도 해봐야죠. 안 하고 지나가면 나중에 '했더라면 엄청나게 성공
했을 텐데' 하는 환상을 평생 지니게 되거든요.

연애도 그런 식으로 하세요? 일단 마음에 드는 여자가 있으면 대시부터 해요? 말도 못 하고 지나가면 나중에 후회할까봐서?

그건 아니고요. (웃음) 전 첫인상에 끌리기보다는, 제가 겪어보지 못한 인생 경험을 가진 이들에 대해서 강한 호기심을 가지고 매혹되는 경향이 있어요. 삶의 낭떠러지에서 아슬아슬하게 긴장을 헤치고 살아온 사람들에 대한 존경심과 동경이 있죠. 내가 못 살아본 삶.

어떻게 살았는데요?

화목한 가정에서 부모님한테 용돈을 받으면서 음악을 했고, 당장의 생계를 위해서 아르바이트를 해야 했던 적도 없어요. 낭떠러지 앞에 섰던 적이 없죠. 늘 너무 안전하게.

유복한 환경에서 자라 좋은 학벌의 작가가 됐어요. 학업이든 음악이든 문학이든 크게 실패한 적도 없는 걸로 보이고요. 남다른 능력과 행운이 작가로서는 핸디캡이 될 수 있지 않을까요?

가파른 삶의 경험을 가진 이들에 대해서 제가 강렬한 호기심을 가지는 건, 솔직히 제 삶의 여유에서 나오는 건지도 모르겠어요. 정말 절박하게 쫓길 때는 바깥세상에 대한 호기심이나 공감을 가지기 어려울 수도 있잖아요. 전 삶의 위협을 심각하게 겪어본 적이 없지만 그걸 헤쳐가는 사람들을 늘 봐왔고 그들의 삶에 대한 강렬한 동경이 있어요. 그래서인지 제 소설에서 주인공은 거의 관찰자에 가까워요. 1인칭

화자는 주로 지켜보는 사람이고, 대단한 일을 하는 사람들은 늘 주인공의 주변에 있는 인물들이죠.

엘리트주의자는 아니시군요. 예술가들은 특히 선민의식을 가지기 쉬운데.
자기 자신을 애써서 위대한 지위로 올려놓으려는 건 스스로 나약하기 때문일지도 몰라요. 예술가가 자기가 하고 있는 일의 영향력을 스스로 저평가할 때 자존감을 유지하기 위해 '나르시시스트'로 자기를 포장해요. 문학을 신성시하거나 과장하고요. 전 문학을 숭배하거나 섬겨본 적이 없어요. 문학은 이 세계에서 굉장히 작은 한 부분이고, 전 문학을 위해서 산다고 생각하지 않아요. 문학 안에 사는 게 아니라 세계 안에 살고 있죠. 문학을 한다는 이유로 자기가 엘리트라는 걸 제도화해서 뻐겨야만 세상에 스스로를 드러낼 수 있다고 생각하는 사람은 매력이 없어요. 그런 사람이 되지 않으려 노력하죠.

아무도 기억해주지 않는 2000년대 싸움

손아람의 세번째 장편 『디 마이너스』는 우리 사회 주류 엘리트의 산실인 서울대를 배경으로 이미 사양길에 접어든 학생운동에 투신했던 정치적 마이너리티들의 이야기를 다루고 있다. 1997년부터 2007년까지 10년간 운동권 학생들의 청년기를 담은 소설에는, 대통령과 학

원시적 감각의 힘

교 이름은 물론 당시 운동권 정파의 계보나 실제 노동쟁의, 같은 시기 서울대에 다녔던 김정훈, 김태희 같은 연예인 얘기까지 실명으로 등장한다.

『디 마이너스』는 『소수의견』보다 5년 뒤에 나왔지만 작품의 연대기로 보면 소수의견 인물들의 전사前史로 해석되는 대목들이 있어요. 『소수의견』에 나온 홍재덕 검사는 『디 마이너스』에서 공안검사였고, 『소수의견』에서 퇴락한 경찰로 나오는 문희성은 『디 마이너스』에서 대공분실 문 경사, 『소수의견』에서 유해진이 연기한 장대석 변호사는 『디 마이너스』에선 법대 운동권이었다가 좌절한 대석이 형이죠. 원래 이런 연작 구성을 염두에 두고 쓴 건가요?
처음부터 계산한 건 아닌데 쓰다보니 인물의 성장사가 밀착된 느낌이 있어서 동일 인물로 설정했어요. 다음엔 홍재덕 검사가 국정원 요원이 된 이후 벌어지는 일들을 쓰고 싶어요.

손 작가 자신은 00학번인데, 왜 1997년부터 2007년까지를 소설의 배경으로 했죠?
민주당이 집권한 10년이잖아요. 그 시기 정권을 상대로 싸운 운동권 학생들의 이야기를 하고 싶었어요. 그건 박근혜 정권을 상대로 싸우는 것과는 완전히 다른 문제죠.

언젠가부터 90년대는 향수 어린 회고의 대상이 됐어요. 드라마에 가요에,

손아람   199

90년대 복고 열풍이 휩쓸잖아요.

그게 제 소설의 동기이기도 해요. 현재에 대한 절대적 불만족이 과거를 미화하는 방식으로 나타나는데, 우리가 이상적으로 여기는 과거가 실제론 얼마나 참혹했는지, 우리가 어떻게 첫 단추를 잘못 끼워왔는지 좀 다른 방식의 회고를 해보고 싶었어요.

내게는 이 소설이 90년대와 2000년대 대학생들을 새롭게 이해하게 하는 실마리가 됐어요. 80년대 학생운동권의 기조가 더이상 물러설 틈 없이 절정을 향해 치닫는 치열함이라면, 소설에 묘사된 90년대 밀레니엄 세대의 학생운동에선 패잔병의 비애 같은 게 진하게 느껴져요.

그 정서가 굉장히 컸어요. 패잔병 정서. 뭔가 아주 큰 목표, 정권교체처럼 당장 눈에 보이는 큰 목표는 사라지고, 민생이나 경제투쟁 같은 쪽으로 옮겨왔는데, 이 싸움은 가도 가도 쉽게 끝날 것 같지 않고……우리가 맞서 싸우는 그 세계로 언젠가는 전부 편입될 운명이라는 느낌. 그런 패잔병의 정서가 지배한 시기였죠. 시간이 흐른 뒤, 80년대 싸움은 기억해도 2000년대 싸움은 아무도 기억해주지 않아요. 심지어 존재했는지조차 모르는, 기억에서 아득한 시절의 얘기. 뭔가 젊음이 통째로 삭제된 느낌이랄까, 그런 걸 쓰고 싶었어요.

그러면서도 비장하고 엄숙한 후일담 문학보다는 왠지 이문구의 『관촌수필』 같은, 그러니까 정말 다양한 사람들이 치고받고 부딪치고 어울리는…… 그

원시적 감각의 힘

런 따뜻한 느낌이 들었거든요.

처음에 시작할 때 제일 중요하게 생각했던 방향이었어요. 캐주얼한 분위기로 가는 거. 그리고 실제로 우리 때 운동권 사람들 분위기 자체가 다들 그렇게 심각하지 않았고요. 숭고하고 극단적인 사람들의 투쟁이라고 생각하는 영역을 좀더 캐주얼하고 섹시하게 그려내는 것이 굉장히 중요한 목표 중의 하나였죠.

소설에 나왔던 운동권 학생들은 30대 중반이 된 지금 어떻게들 살고 있을까요?

과거를 돌아보는 걸 힘들어하죠. 어찌 보면 그때가 자신들에게 가장 영광된 시기이기도 한데, 현재의 자신은 그때로부터 너무 다른 방향으로 멀리 와 있다는 생각 때문일까, 친구 하나는 이 책을 몇 쪽 보다가 "미안한데 더는 못 읽겠어" 하기도 했어요. 아무도 비난하지 않는데, 그 이야기를 하는 것만으로도 '너 왜 이렇게 살고 있어?' 비난받는 듯한 느낌을 갖는 거죠.

그걸 지적하고 싶었나요?

아니요. 비난하려고 쓰지 않았어요. 오히려 저는 늘 미안한 마음이에요. 저는 운동권이라고 할 수 없는 게, 음악을 핑계로 원할 때 시위 나가고 원하지 않을 때는 빠지고, 왔다갔다 저 하고 싶은 대로 했거든요. 계속 싸움을 할 수밖에 없었던 친구들, 조직 논리 안에서 젊음을 다 바친, 그래서 더이상 싸움을 계속할 수 없게 된 친구들한테 전 부채감을 느껴요. 『디 마이너스』는 아무도 알아주지 않는 그들의 상처에 헌정하는 이야기죠.

잠시 대화가 끊겼다. 내가 질문을 멈추자 손아람도 더 말을 보태지 않았다. 그와 나 사이에 한 세대의 간극이 있지만 그가 말하는 먹먹함은 80년대 세대와 크게 다르지 않았다. 다행히 찻집은 적당히 소란했다. 녹취록을 작성하는 키보드 소리가 또각또각 귓전을 울리고, 점점이 이어지는 소리에 맞춰 여러 얼굴들이 기억 속에 나타났다 사라졌다.

돌이켜보면 이십대가 가지는 망상이자 특권이라고 할 텐데, '사람을 변화시킬 수 있다'고 너무 쉽게 낙관하는 경향이 있죠. 작중 인물인 미주가 '게임하지 마!' 하면 진우가 딱 게임을 끊고, 농촌 총각 정배씨의 어설픈 희롱에 '사과하세요!' 하면 그게 순순히 받아들여지듯이…… '인간이란 이렇게 하면 더 선해지고 성실해질 거야'라고 섣불리 낙관하는 나이브함이 있잖아요. 살면서 그게 아니구나 깨닫지만.

맞는데요, 한 사람이 평생 나이브할 수는 없지만, 모든 시대에 누군가는 그렇게 나이브하지요. 그런 젊은이들의 지분이 한 시대마다 있다는 게 그 사회의 굉장히 중요한 자산이지요. 그게 세상을 바꾸는 힘이잖아요.

　　　　　　　　　　　　　원시적 감각의 힘

『디 마이너스』 서두에 친구들의 이니셜을 일일이 적어두고 "너희가 꿈꾸던 세상에서 살게 되기를"이라고 적으셨어요. 난 이걸 순간적으로 오독했는데 "너희가 꿈꾸던 세상에서 편히 쉬기를"이라고…… (웃음) 저희 세대 친구들이 많이 죽기도 했고, 왠지 살아생전에는 이런 꿈들이 안 이루어질 것 같아서. 90년대 세대의 글에 대한 80년대식 오독이죠. 자신들이 꿈꾸던 세상에서 그들은 살 수 있을까요?

꿈꾸던 모든 게 다 이뤄지진 않더라도 옳은 방향으로 계속 나아간다는 믿음은 있어요. 100년 단위로 역사를 끊어보면 세계가 퇴보한 적은 없거든요. 제가 살아 있는 동안에도 제가 원했던 것 중의 상당 부분이 실현될 거라고 믿고요……

작가답지 않게 굉장히 '건전한 사고의 소유자'시군요. (웃음)

낙관주의죠. 저는……

앞으로 작가로서 꼭 써보고 싶은 게 있다면?

게임이요.

(놀라서) 게임? 게임 스토리요?

한국 게임에서는 스토리가 아주 얄팍한 포장지에 지나지 않아요. 근데 몇 해 전에 게임상을 모조리 휩쓴 '더 라스트 오브 어스The Last of Us'라는 게임을 보고 굉장히 충격을 받았어요. 미국 작가가 만든 건데,

게임 시스템 자체가 어떤 문학적 체험을 위해 최적화되어 있달까요. 그러니까 게임을 위한 문학적 설정이 아니라 문학적 설정을 위한 게임 시스템이란 느낌이 들었어요. 내가 가진 이야기를 인터랙티브하게 구현할 수 있는 방식의 게임을 써보고 싶어요.

네 시간여에 걸친 인터뷰를 끝내고 그와 헤어질 때 해가 뉘엿뉘엿 지고 있었다. 게임 스토리를 쓰고 싶다는 아이큐 만점의 래퍼 출신 소설가. 그의 모든 것이 문학을 하는 이들에 대한 내 고정관념을 흔들 만큼 신선했지만, 가장 신선했던 것은 그의 세대와 내 세대의 청춘에 대한 기억이 별반 다르지 않다는 발견이었다. 집에 돌아와, 손아람의 책에서 모서리를 접어 표시해두었던 페이지를 펼쳤다.

> 우리 시대에는 자백을 받기 위해 피신문자를 고통으로 미쳐버리게 만들 필요가 없다. (…) 새로운 고문은 피신문자에게 그저 세계의 어둡고 흉측한 그늘을 보여준다. (…) 우리 시대 신문관들이 피신문자에게 원하고 또 얻어낸 것은 자백이 아니었다. 자폐였다. (손아람, 『디 마이너스』, 자음과모음, 2014, 196쪽)

며칠 뒤, 나는 손아람에게 미처 묻지 못한 질문이 있다며 이메일을 보냈다.

"절망과 회의 속에서 사람들로 하여금 스스로 무너지게 만드는 것…… 힘 있는 자들의 통치 논리는 늘 그런 거였지요. 이런 좌절 속에서 우리 자신을 방어하고 살아남기 위해서는 무엇이 필요할까요?"

몇 시간 뒤 그가 답변을 보내왔다.

"전 정치나 사회, 이 세계의 구조 따위에는 관심이 없던 십대 시절을 보냈습니다. 언어보다는 수학을 믿었고 인간의 희망보다는 과학의 예언에서 필연성을 보았죠. (…) 제 태도를 바꿔놓은 건 그 어떤 책이나 이론이 아니라 제가 만난 사람들이었습니다. 그들의 모습, 그들의 행동, 그들의 감정, 감동과 부채의식 등. 사람은 아는 만큼이 아니라 느끼는 만큼만 바뀝니다. 오늘날 진보와 보수를 막론하고 인간에 관한 모든 정치적 의제는 사악한 적이 아닌 무관심과의 싸움입니다. 무관심을 어떻게 이길 수 있을까요? 압도적인 옳음으로? 냉철한 논리로? 우아한 지성으로? 저는 차라리 유머, 눈물, 분노, 연민, 매력 같은 원시적인 감각의 힘을 믿습니다."

아름다운 글이었다. 출력해서 접어두었던 『디 마이너스』 196쪽 책갈피에 꽂아두었다.

소설가. 『진실이 말소된 페이지』(2008), 『소
수의견』(2010), 『디 마이너스』(2014)를 썼다.
1997년부터 2007년까지 소위 진보정부 10년
의 시기 동안, 더욱 강력하지만 한층 모호해진
적에 맞서 싸운 청년들이 있었다. 어느덧 우리
사회의 삼사십대 중견세대가 된 그들에게 청
년 시절의 열정과 상흔은 어떤 의미로 남아 있
을까. 손아람은 당위와 논리가 아니라 분노와
연민의 공감대가 세상을 바꾸는 힘이라고 믿
는다.

3부   회의하고 거부하며 선택한 삶

아홉번째 · 순간

무사히 할머니가 될 수 있을까

장혜영

사람들이 좋은 삶의 방식이라고 이야기하는 거 있잖아요.
명문대에 가고 대기업에 취직하고……
이런 게 더 많은 자원을 확보해줄 것 같지만 그걸 위해 사는 동안
동생은 말라죽어가고 있고 그 시간은 절대 다시 돌아오지 않죠.

동생이 먼저 데려가달라고 울고불고 매달린 것도 아니었다. 만 열두 살 때 가족과 헤어진 동생은 세상과 격리된 장애인 수용시설에서 이미 18년을 살았다. 가족과 함께 살았던 기간보다 떨어져 산 기간이 더 길었다. 동생은 그곳을 집으로 알고 살았다. 매직펜으로 이름이 쓰인 옷가지와 소지품 몇 개를 제외하고는 세상에 그의 존재를 입증할 아무것도 가지지 못한 채, 마치 처음부터 존재하지 않았던 것처럼 장막 뒤에 감춰진 그림자 같은 삶이었다. 그런 동생을 찾아가, 장막 너머 세상의 무대로 손잡고 나온 것은 언니 장혜영이었다. 동생 혜정과 같이 살아야겠다고 결심한 뒤, 둘이 살 셋집을 얻기 위해 돈을 마련하고 만류하는 부모님을 설득하고 동생이 낯선 세상을 겁내지 않도록 조금씩 외출 빈도를 늘려가기를 1년여간…… 2017년 6월부터 자매는 한집에 살고 있다.

내가 장혜영·혜정 자매의 이야기를 처음 본 것은 유튜브 채널이었다. '생각 많은 둘째언니'라는 제목으로 장혜영은 세상살이에 첫발을 디딘 동생과의 시시콜콜한 일상을 영상으로 기록해 올린다. 자매는 나란히 손잡고 동네를 산책하거나 단골 카페에 가서 커피를 마신다. 같이 밥을 먹고 쇼핑을 하고 여행도 다닌다. 놀라운 것은 두 자매의 모습이 비현실적일 정도로 행복해 보인다는 점이었는데, 내가 이들 자매의 행복을 의외로 느낀다는 게 한편 당황스러웠다. 중증 발달장애를 가진 동생을 돌보는 지고지순한 언니의 눈물나는 분투기 같은 건 보이지 않는다. 화창한 햇살 아래 깔깔거리는 자매의 모습은 더할 나위 없이 해맑고 싱그럽다. 장혜영은 왜 재활원에 붙박여 살던 동생을 데리고 나왔을까? 고작 한 살 많은 언니. 가진 것 없고, 안정된 직장도 없이 독신인 그가 이 험한 세상에서 장애인 동생과 같이 살겠다고 작정한 건 잘한 일일까? '내 한몸 건사하기도 힘든 세상'이라고 많은 것들을 밀쳐내는 동안 우리가 잃었던 것을, 장혜영은 다시 찾았을까?

서울 합정동의 당인리발전소 앞길은 호젓하고 고즈넉했다. 빨간 원피스에 흰색 스니커즈를 신은 동생이 팔을 힘차게 내뻗으며 씩씩하게 걷고, 몇 걸음 떨어져 그 곁을 지키며 언니가 따라 걸었다. 자매가 일주일에 사흘간 도는 동네 산책길이다. 2017년 6월 초 같이 살기 시작한 이후 짜놓은 자매의 생활계획표는 느슨하지만 다채롭다. 오전엔 일어나 체조를 하고 늦은 아침을 먹는다. 오후엔 동네 산책과 음악 수업을 하고, 매주 화요일과 일요일엔 같이 외출해서 외식을 한다.

오늘이 화요일이니까, 외식하는 날이네요?
네. 맞아요. (웃음)

그럼 외식 대신 오늘은 중식 시켜 먹을까요? (웃음)
동생도 짜장면 잘 먹으니까, 좋아할 거예요.

자매가 사는 집은 방 두 칸짜리 연립주택이다. 오랫동안 원룸에만 살던 장혜영이 동생과 같이 살려고 어렵사리 얻은 셋집이다. 동생은 낯선 방문객이 신기한지 내게 다가와 얼굴을 만지려다 언니의 주의를 받고 손을 거뒀지만, 연신 기분이 좋은 듯 흥얼흥얼 콧노래를 하며 우리 주변을 맴돌았다.

혜정씨 표정이 되게 밝아요.
그렇지 않을 때도 많지만…… 요즘 밝아졌다는 얘길 많이 들어요.

언니랑 같이 살면서 생긴 변화 아닐까요?
그러면 정말 좋죠. (웃음)

발달장애가 어떤 건지 제가 사실 정확히 몰라요. 제가 어렸을 때만 해도 정신지체라든가 정신박약이란 용어가 많이 쓰였는데, 발달장애는 이런 용어들과는 다른 의미인가요?
정신지체나 박약, 혹은 의학계에서 사용하는 지적장애 같은 말들은 사회적으론 멸칭蔑稱으로 통용되잖아요. 상대적으로 우월한 것과 열등한 것을 가정하고 지적수준이 낮아서 그 이상으론 못 올라온다는

무사히 할머니가 될 수 있을까

관점…… 발달장애는 지적 장애, 자폐성 장애 둘 다 포괄하는데, 훈련을 거듭하면 발달이 가능하다고 보는 관점이니까 훨씬 전향적이죠. 동생은 지적 장애와 자폐성 장애를 다 가지고 있는데 자폐성 장애가 더 심해요.

아, 정말요? 굉장히 붙임성 있는 성격으로 보이는데.
동생이 사람들한테 겁없이 다가가고 하니까 사회성이 있는 것처럼 보이지만, 사실 그게 더 심한 종류의 자폐성 장애라고 의사들이 그래요. 낯선 사람한테 경계심을 갖는 게 당연한데, 동생은 처음 본 사람한테 굉장히 가까이 다가가고 만지고 하잖아요. 사람 간의 커뮤니케이션에 대한 본능적인 학습이 안 되어 있는 거죠.

그렇군요. 저를 포함해서 많은 이들이 영화나 드라마에서 본 자폐에 대한 고정관념이 있어서 그럴 거예요. 자폐라고 하면, 사회적 관계를 맺는 것에 폐쇄적이고 방어적인 줄만 알았거든요.
사이클이 있어요. 양극단을 왔다갔다해요. 사람과 사람 사이에 종이 한 장 들어갈 정도로 가까이 다가오다가, 어느 순간 정말 돌처럼, 거북이 등껍질처럼 딱딱하게 스스로를 닫기도 해요.

언니한테도 그런 적 있어요? 거북이 등껍질처럼.
그럼요. 저는 맨날 보죠.

(놀람) 진짜요?

네.

지적장애에 대해서 잘 모르는 사람들은 '정신연령이 몇 살이냐'라는, 우리가 이해하기 쉬운 방식으로 장애를 수치화하잖아요. 그런 식의 프레임 자체가 잘못된 건가요?

저는 그렇다고 생각해요. 몇 살 수준이냐고 물어보는 건 사실은 '웬만한 거 다 못하죠?'라는 질문을 굉장히 듣기 좋은 방식으로 물어보는 거라고 생각해요. 이미 서른 살인 사람한테 얘는 몇 살 수준이냐고 물어보는 건 지적인 부분 이외에 그 사람의 인생을 전혀 인정하지 않는 질문에 가까운 거죠, 사실은.

같이 산 지 넉 달이 돼가는데, 그동안 동생에게 일어난 가장 큰 변화는 뭘까요?

자기다운 게 뭔지를 표현하기 시작한 거요. 이래도 흥, 저래도 흥, 좋아, 괜찮아 하다가 이젠 '싫어' '안 해' 이런 의사 표현이 늘어났어요. (웃음) 자기가 좋아하는 옷을 골라 입는다든가, 목욕은 혼자 하겠다고 한다든가, 음식을 가린다든가, 자기 방에 혼자 있고 싶어한다든가, 그런 자기표현이 명확해졌어요.

너무나 당연한 일이 동생에게는 이제 시작되고 있다. 아무도 묻지 않고 관심 기울이지 않아서 스스로도 깨닫지 못하고 있던 자신만의 개

성과 취향을 조금씩 드러내면서, 이제 동생은 더이상 그림자가 아니라 세상에 하나뿐인 장혜정을 찾아가고 있는 중이다. 거북이 등껍질처럼 닫았다 종이 한 장 차이로 다가서기를 반복하면서 천천히 달라지는 동생이 장혜영은 고마울 뿐이다.

동생을 나와 다를 바 없는 '사람'으로 대하는 법

아무리 친자매라 해도 18년을 떨어져 살았는데, 동생에 대해서 낯설거나 당혹스러운 순간은 없어요?

아, 제가 동생이랑 살면서 크게 깨달은 게 하나 있는데요. '그간 내가 동생에 대해서 아무것도 몰랐구나' 하는 점이에요. 전엔 저도 동생의 가장 큰 특성을 '장애'라고 봤던 것 같아요. 동생에 대해서 설명을 하게 되면 동생의 장애에 대해서만 얘길 했지, 정작 애가 좋아하는 게 뭔지, 성격이 어떤지 몰랐던 거죠. 나와 크게 다를 바 없는 '사람'으로 동생을 대하는 방법을 어려서는 아무도 가르쳐주지 않았거든요.

장혜영은 경기도 여주에서 세 자매 중 둘째로 태어났다. 아버지는 평범한 공장 근로자였고 어머니는 주부였는데, 동생 혜정씨의 장애는 온 식구에게 감당할 수 없는 멍에였다. 의학의 힘으로 동생을 고칠 수 없다고 생각한 어머니는 종교생활에 집착하기 시작했고, 부모가 집을 비운 사이 막내 혜정을 보살피는 건 주로 혜영의 몫이 되었다.

장애인 동생 때문에 혜영씨도 어려서 맘고생이 많았겠어요.

어른들은 절 동정 어린 시선으로 바라봤고, 친구들은 절 배척하거나
질투했어요. 어른들의 동정이나 호의는 짜증나도 받아두는 게 좋다는
건 체험으로 배웠죠. 그게 나나 동생을 보호하는 기제가 되니까. 근데
친구들 관계에서는 달랐어요. 친구들 눈에는 제가 불쌍하게 보여야
하는데, 공부를 잘하고 호락호락하지 않았기 때문에 친구들이 절 도
저히 불쌍해할 수가 없는 거예요. '재수 없는 애'로 찍혀서 은근한 따
돌림도 많이 받았어요.

**부모님도 계시고 언니도 있었는데 왜 혜영씨가 한 살 터울의 동생을 돌보게
된 거죠?**

부모님도 인생이 너무 힘들었을 거예요. 장애아가 태어나면 부모에게
죄가 있는 것처럼 사람들이 바라보는데, 그 시선을 어떻게 수습해야
할지 삼십대 초반의 부모님으로선 정말 막막하셨을 것 같아요. 저보
다 두 살 많은 언니는 언니대로, 동생이 태어나지 않은 시절을 기억하
고 있는 사람이기 때문에 동생의 존재를 더 부정하고 싶었던 게 아닐
까요? 동생 돌보라고 하면 언니는 그냥 나가서 친구들이랑 놀곤 했어
요. 지금은 같은 동네에 결혼해 살면서 수시로 우릴 들여다보고 미안
해하지만, 어려서는 언니도 자기 마음을 어쩔 수 없었을 거예요. 여하

무사히 할머니가 될 수 있을까

튼 상황이 그렇다보니 저 스스로 동생한테는 제가 엄마 대신이라고 생각했던 것 같아요.

그렇게 단짝으로 붙어 있던 동생을 시설로 보내던 날, 기억나세요?
기억하죠. 초등학교 졸업할 때. 제가 중학교 안 가고 동생을 돌보겠다고 했어요. 그때까지는 같은 초등학교에 다니니까 제가 학교를 데리고 다니면서 동생을 돌볼 수 있었지만 제가 중학교에 가면 완전히 다른 세계로 가는 거잖아요. 혜정이를 돌볼 사람이 없는데 어떻게 가느냐고 했다가 부모님한테 엄청 혼나고 그냥 남들처럼 중학교에 들어가긴 했지만, 부모님은 부모님대로 그 일 때문에 생각을 더 많이 하신 것 같아요. 고등학교 입학한 언니, 중학교 입학한 저를 위해서라도 동생을 시설로 보내야겠다 판단하셨대요.

비슷한 아이들이 모여 있는 시설로 보내는 게 동생을 위해서도 더 좋은 길이라고 부모님은 말씀하셨다. 그런 줄 알았다. 그러나 동생을 보낸 뒤에도 가족들에게 드리워진 자책과 원망의 사슬은 끊어지지 않았다. 부모님은 결국 파경을 맞았고 할아버지 집에 보내진 혜영과 언니는 의지할 곳 없는 세상에서 어떻게든 살아남기 위해 각자의 길을 찾아 고군분투해야 했다.
기숙사가 있는 고등학교에 입학해서 집안의 그림자에서 벗어나고 싶었던 혜영은 그의 바람대로 한국애니메이션고등학교에 입학해 영상

연출을 전공했고 2006년 연세대에 입학해서 신문방송학과에 들어갔다. 그사이 동생은 장애인 시설에서 성년을 맞았다.

소위 명문대 인기학과 출신인데, 기자가 된다든가 대기업에 취직할 생각은 안 하셨나요?
전혀 안 했어요. 저, 대학을 중퇴했습니다.

아주 그만뒀다고요?
2011년에 대자보 쓰고 대학 그만둔 학생들이 꽤 있었잖아요. 저도 그중에 한 명입니다.

(깜짝 놀라) 아, 연세대 자퇴생! 그게 혜영씨인 걸 제가 까맣게 모르고 있었네요.
아닙니다. 제가 그 얘길 일부러 안 해왔어요.

왜요?
동생 얘기에 그 얘기가 섞이면 뭔가 다른 방식으로 이해될까봐서……

장혜영은 신방과 4학년이던 2011년, 고려대생 김예슬, 서울대생 유윤종에 이어 세번째로 자퇴를 선언한 명문대생으로 꼽힌다. 당시 그가 자퇴를 공개선언한 대자보의 제목은 '공개 이별 선언문'이었다.

무사히 할머니가 될 수 있을까

새들에게 날개의 자유가 있다면 인간으로 태어난 우리에게는 스스로가 믿고 사랑할 것을 선택할 자유, 그렇게 선택한 아름다움을 지켜낼 자유, 즉 '사랑에의 자유'가 있습니다…… 사랑에의 자유, 잎사귀에 이는 바람에도 괴로워하던 선배를 둔 우리가 사랑 앞에 자유롭지 못하다면 그 누가 한 점 부끄럼 없이 그의 이름을 부를 수 있습니까. 나는 이제 연세가 아닌 다른 사랑을 향해 떠납니다. (「공개 이별 선언문」 중에서, 2011. 11. 15.)

대학 그만둔 것 후회되지 않아요?
아뇨. 전혀요. 대학을 그만둔 가장 큰 이유는 시간이 아깝다는 생각 때문이었어요. 대학이 아카데미로서 명확한 정체성을 회복한다면 모를까, 졸업장 한 장을 얻기 위해서 그만한 시간과 자원을 들일 까닭은 없다고 생각해요.

장혜영은 2013년 방송대학TV와 한 인터뷰에서 "공부는 언제 어디서나 매일매일 해야 하는 것인데, 무슨 공부를 할 거냐가 중요하다. 결국 공부란 자기를 발견하고 누구로서 살고 싶은지를 생각하는 과정이 아닐까"라고 답한 바 있다.

좋은 학벌로 큰 직장에 취업하면 더 풍족한 조건에서 동생을 불러올 수 있을 거란 생각은 안 해봤어요?
사람들이 더 좋은 삶의 방식이라고 이야기하는 거 있잖아요. 명문대에 가고 대기업에 취직하고…… 이런 게 더 많은 자원을 확보해줄 것 같지만 그걸 위해 사는 동안 동생은 말라죽어가고 있고 그 시간은 절대 다시 돌아오지 않죠. 설사 그렇게 자원을 확보했다 하더라도 동생에게 가장 중요한 자원은 시간인데, 얘를 위해서 쓸 시간이 없다는 건 너무 명확한 거예요. 기존의 방식으론 절대 내가 원하는 내 자리를 만들 수 없다고 생각했어요.

많은 이들은 '사랑하는 사람을 위해서' 기반을 닦아야 한다는 생각으로 기를 쓰고 내달린다. 그러나 그 기반을 마련하는 일은 늘 쉽지 않아서 신기루처럼 다가갈수록 멀어지고, 사랑하는 사람들과 함께하기로 기약했던 '내일'은 좀처럼 오지 않는다. 장혜영은 경쟁과 도태의 사이클을 거부한 대가로 학벌사회에서 명문대생이 누릴 수 있는 특권을 잃었지만, 대신 사랑하는 사람과 함께하는 '오늘'을 벌었다.

'장애인은 갇혀서도 행복할 것'이란 억지

"컴퓨터가 병났어요!" 우리가 식탁에서 이야기를 나누는 사이, 자기 방에 들어가 애니메이션을 보던 동생 혜정씨가 뛰어나와 말했다. 보고 또 봐도 질리지 않는 동생의 애청작은 〈인어공주〉다. 언니가 들어가 컴퓨터를 리셋해주고는 동생에게 약봉지를 내민다. "약 먹을 시

무사히 할머니가 될 수 있을까

간이야." 동생은 착한 어린이처럼 혼자서 물을 따라 알약을 꿀떡 삼킨다.

무슨 약이에요?

기복을 조절해주는 약을 먹어요. 시설에 있을 땐 하루에 네 번, 약을 한 움큼씩 먹었는데 집에선 엄청 줄였어요. 아침에 한 알, 자기 전에 한 알. 시설에서 주는 대로 약을 먹을 땐 침을 뚝뚝 흘리면서 멍하니 앉아 있곤 했어요.

왜 그렇게 약을 많이 먹었을까?

동생은 한 방에 16명의 중증 발달장애인을 단 두 명의 생활교사가 돌보는 시설에서 18년 동안 살았어요. 그런 조건에서 중요한 건 '관리자가 통제를 손쉽게 하는 방법이 무엇인가'이지, '그 안에 사는 장애인들이 무엇을 원하는가'가 아니에요. 화장실 자주 간다고 물 안 주고, 이불빨래 많이 해야 한다고 바닥에 재우고, 잘못했다고 발가벗겨 세워놓고. 그래서 몇몇 선생님들이 도저히 안 되겠다 싶어서 양심선언도 했지만, 제대로 해결될 기미가 보이지 않아서 학부모들한테 지원사격을 요청했어요.

혜영씨가 학부모회장도 맡았었다면서요? 그게 그때인가요?

네.

어떻게 그 어린 나이에 학부모회장이 돼요?

장애인 문제는 거의 빈곤 문제랑 겹쳐 있어요. 아예 발길을 끊다시피
한 가족도 있고, 대부분 부모들이 연로한데다 1년에 학부모회 회비
2만 원 걷는 것도 부담스러워하는 형편이죠. 어쩔 수 없이 제가 맡게
되었는데, 그 사건으로 제가 양심선언한 교사들과 한편이 되는 순간
학부모들이 저를 회장에서 경질시켰어요. 그렇게 싸우다가 시설 없어
지면 애들 다 집에 가야 된다고, 어떻게 책임질 거냐고 항의하면서.

학부모들이 오히려 문제를 덮었다고요?

모두가 '격리' 위에 기생하고 있으니까요. 이런 격리 상태를 해제하려
고 하는 순간 누구든 적으로 간주되죠.

**장애인 시설을 어떻게 운영하느냐에 따라 다를 수 있는 것 아녜요? 훌륭한
뜻을 가진 복지가나 종교인들이 전문가를 데리고 운영하는 좋은 시설이 있
다면, 매일 부부싸움하고 애들 밥도 못 챙겨주는 부모 밑에 있는 것보다는
낫지 않을까요?**

그건 진짜 환상이에요. (웃음) 비장애인들한테 "너, 5성급 호텔에서 살
게 해줄게. 평생 거기서 살래? 네가 만날 수 있는 사람은 다 우리가 통
제하고, 네가 어딜 갈지도 혼자 결정 못 해, 그렇게 살래?" 하면 뭐라
고 할까요? 시설이라고 하는 건 아무리 아름다운 말로 포장해도 장애
인을 '격리'하겠다는 것이고, '이 사람은 2등 인간이기 때문에 1등 인

간과 함께 살아가기에는 모자란 사람들이다'라는 전제가 깔려 있어요. 어떤 능력을 가졌건 자기 인생을 결정할 권리는 그 사람에게 주어져야 하는 거 아닌가요?

'지적장애인들은 자기 인생의 결정권을 행사하겠다는 욕구 자체가 없을 것이다'라고 생각하는 사람도 많아요. 이런 건 그냥 우리 편하자고 하는 생각일까요?

그런 거죠. 더 많은 도움이 필요한 사람들을 일찌감치 격리해두니까 충분히 할 수 있는 것도 더더욱 할 수 없게 되죠. 돈으로 물건을 사는 것도 못 하고, 버스, 지하철 타는 것도 못 하고, 세상 사람들이랑 대화하는 법도 모르고, 자기 욕구를 표현하는 법도 못 배우고…… 그래놓고는 "거봐, 할 수 없잖아"라고 말하는 거예요. 세상으로부터 격리시켜놓은 채, "이 사람들에겐 다른 행복이 있을 거야, 갇혀 있어도 행복할 거야" 우기는 거죠. 스웨덴 같은 선진국에선 그래서 아예 법으로 이런 격리시설을 모두 폐쇄했거든요.

아, 그래요?

시설 짓는 것 자체가 불법이에요. 사람은 반드시 사회에 나와 살아야 한다고, 정부 지원금을 끊는 방식으로 모든 장애인 수용시설을 폐지했죠.

장혜영

혜영씨처럼 가족을 돌볼 형편이 안 되는 사람들에게는, 시설에서 장애인을 데리고 나오란 얘기가 행여 상처가 되지 않을까요? 윤리적 책임을 외면하는 모진 혈육이라고 죄책감만 안겨줄 수도 있잖아요.

저도 그 점이 조심스러워요. 근데 중증 장애인이 24시간 활동보조서비스를 이용할 수 있는 공적 제도가 갖춰진다면, 누가 가족을 시설에 보내겠어요? 장애인에 대한 돌봄은 아이들에 대한 돌봄이 그렇듯이 사회 전체의 일이에요. 돌봄은 가족들 개인이 감당할 책임이 아니라 모두의 책임으로 간주되어야죠.

격리의 시스템에 균열을 내기

장혜영은 지난여름, 장애인 시설에서 나온 동생이 세상에 섞여들어가며 겪는 소소한 이야기들을 장편 다큐멘터리로 만들기로 하고 크라우드펀딩으로 모금을 시작했다. 다큐멘터리의 제목은 〈어른이 되면〉. 평소 장혜영과 영상 작업을 해왔던 동료 네 명이 스태프로 뭉쳤다. 6개월간 다섯 명의 인건비와 이후 상영회 예산 등을 고려해서 5000만 원의 모금 목표를 내걸 때만 해도, 과연 이뤄질 수 있을지 반신반의했다. 놀랍게도 1249명이 참가한 펀딩은 목표액의 108퍼센트인 5400만 원을 채우고 완료되었다. 2018년 2월, 장혜영은 약속대로 다큐멘터리를 완성해서 마포의 한국영상자료원 시네마테크에서 상영회를 열었다. 펀딩에 참여한 후원자들에게는 상영회 초대권과 함께 동생 혜정씨의 손글씨를 담은 카드가 우송되었다. '고마워요' '미안해요' '사랑해요' 비뚤비뚤한 필체 안에 혜영, 혜정 자매를 응원해준 모든 이들에 대한 따뜻한 감사의 마음이 담겼다.

왜 제목이 '어른이 되면'이죠?
동생이 시설에 있을 때 입버릇처럼 하던 말이에요. 뭘 하고 싶어도 거기선 못 하게 하니까 그럴 때마다 '어른이 되면' 할 거라고 혼잣말을 하는 거죠. 아직 어른이 아니니까 어른이 되면…… 나이가 서른이 다 되어도 시설에선 늘 아이 취급을 하니까요. 이 다큐는 동생이 자신을 어른으로 자각하는 과정에 대한 기록이 될 거예요.

이전부터도 유튜브의 '생각 많은 둘째언니' 채널에 영상물을 꾸준히 올려온 걸로 압니다. 근데 주로 민주주의나 페미니즘에 대한 이야기이고, 장애인 문제는 오히려 거의 다루지 않았던 것 같아요.
가장 잘 말할 수 있는 상태까지 도달하지 않으면 말을 많이 아껴야겠다고 생각했어요. 왜냐면 그 문제가 나오면 제가 흥분하거든요. 그런데 흥분하면 잘 설명할 수 없잖아요. 동생을 어떻게 등장시킬지에 대해서 고민이 많았고, 등장시키면 어떤 형태여야 할까에 대해서도 고민했어요. 첫번째 영상이 〈아오모리에 다녀왔습니다〉라는 제목으로 동생이랑 일본에 여행한 이야기거든요. 대부분 장애인이 등장하는 콘

텐츠는 이건 장애인 얘기인데요, 라고 시작해요. 이 사람은 무슨 장애를 가지고 있는 누구씨입니다. 사람들이 보는 관점에서요. 그런데 제가 만든 건 여행 영상이고 그저 장애인이 출연할 뿐이라는 점에서 달랐던 것 같아요. 전 장애인 동생의 이야기를 그렇게 우리들 일상처럼 다루고 싶었어요.

다큐 작업이 끝나면 혜영씨도 생업을 하셔야죠? 언제까지 동생을 이렇게 24시간 지키고 있을 순 없잖아요.
저희가 눈여겨봤던 낮 활동지원서비스를 받으려면 서울에서 6개월 이상 거주해야 한대요. 동생이 있던 시설은 경기도라서 서울로 오고부터 6개월이 필요하죠. 그래서 6개월을 채우는 동안엔 모금된 펀드를 가지고 다큐를 제작하고, 이후엔 차차 활동보조서비스를 이용하려고요.

근데 왜 6개월이 필요한가요? 새로 이사 간 동네에서 공공도서관, 복지관, 체육관을 이용하는 데 6개월 단서 조항 같은 건 없는데.
그러게요······

근데 동생과 사는 게 정말 좋으세요? 힘들지 않아요?
지금껏 동생이나 저나 정말 전투적으로 살았어요. 일상다운 일상을 가져본 적이 없죠. 때 되면 밥 먹고 때 되면 자고 괴롭히는 사람 없이

무사히 할머니가 될 수 있을까

내가 쉬고 싶을 때 쉴 수 있는 상태가 하루하루 지속된다는 게 얼마나 기적 같은 일이에요? (웃음) 아침에 동생을 깨울 때마다, 5분만 더 자겠다는 동생을 보면서 방문 닫고 나올 때마다 전 진짜로 행복해요. 누군가를 돌보고 산다는 건, 제가 겪어본 가장 평화로운 경험이에요.

그래도 온종일 언니가 동생을 돌봐주는 것이지 동생이 언니를 돌봐주는 건 아니잖아요.

동생이 없었다면 저는 완전히 다른 사람이 되었을지도 몰라요. 제가 어떤 중요한 판단을 내릴 때마다 동생은 그 존재 자체로 저의 가이드가 되어주죠.

무슨 뜻이죠?

더 높은 곳의 뭔가를 위해 뛰어야 할 것 같고, 뭔가를 놓칠까봐 불안해하는 관점에서 완벽하게 탈피하게 해줘요.

생존경쟁을 뚫고 더 높이 올라가고 더 많은 걸 가지려고 하는 식의 패러다임으론 지금 동생과 같이 사는 삶을 도저히 설명할 수 없을 테니까……

맞아요. 사람이 산다는 게 뭐지? 시간을 보낸다는 게 뭐지? 동생의 존재는 이런 문제를 완전히 원점에서부터 생각하게 해주죠. 사실 우리 사회가 언제까지 이렇게 갈 수 있겠어요? 점점 더 양극화되고 점점 더 약자들끼리 미워하게 되고…… 격리에 대해서 생각하다보니 어쩜

장혜영

이 사회 전체를 아우르는 단어 중 하나가 격리가 아닌가 하는 생각이 들었어요. 격리의 기준은 누구에게나 갖다댈 수 있을 텐데 인간을 수량화, 서열화해서 분류하잖아요. 아주 어렸을 때부터 우열반 나눠서 수업하고. '내가 못났기 때문에 쟤보다 덜한 처우를 받는 건 당연해' 이런 경험을 정말 수없이 하게 하니까, '장애가 있는 사람을 격리해야 한다'는 주장 앞에서도 그럴듯하다고 고개가 끄덕여지는 것이죠. 저는 동생과 살면서 되게 큰 화두를 마주하고 있다는 생각이 들어요. 이걸 논리적으로 설명한다고 해서 설득이 되거나 해결이 되는 건 아닐 거예요. 그저 부정할 수 없는 삶을 보여주는 것이 훨씬 더 명확하게 '격리의 프랙털'에 균열을 내는 길이 아닐까. "봐! 우리 잘 살고 있어!" 그걸 증명해 보이는 것이 훨씬 빠르고 효과적인 길인지도 몰라요. 그래서 우리 사는 걸 그냥 보여주려고 해요.

장혜영은 지난달 동생과 제주도를 여행했다. 하릴없이 숲길을 산책하고 해변에서 우쿨렐레를 연주하며 춤추는 영상 위로 그가 작사, 작곡한 노래가 잔잔하게 깔린다.

무사히 할머니가 될 수 있을까/ 죽임 당하지 않고 죽이지도 않고서/ 굶어 죽지도 굶기지도 않으며/ 사람들 사이에서 살아갈 수 있을까/ 나이를 먹는 것은 두렵지 않아/ 상냥함을 잃어가는 것이 두려울 뿐/ 모두가 다 그렇게 살고 있다고/ 아무렇지 않게 말하고 싶지는 않아⋯⋯ (《무사히 할머니가 행복한 할머니로 환하게 미소 짓는 자매의 모습이 눈에 선하다. 코앞의 소소한 이익에 발목 잡힌 채 '모두가 다 그렇게 살고 있다'고 세뇌하며 살아온 모든 어리석은 이들 앞에, 격리의 철창을 깨고 나온 자매가 활짝 웃고 있다.

'생각 많은 둘째언니'란 타이틀로, 중증 발달장애를 가진 동생과의 일상을 유튜브 채널에 올리는 장혜영. 그는 18년 동안 장애인 수용시설에 맡겨졌던 동생을 데리고 와 함께 살기로 하고, 그 이야기를 다큐멘터리로 만들었다. 고작한 살 많은 언니, 가진 것 없고, 안정된 직장도 없이 독신인 그가 이 험한 세상에서 장애인 동생과 같이 살겠다고 작정한 건 잘한 일일까? '내 한몸 건사하기도 힘든 세상'이라고 많은 것들을 밀쳐내는 동안 우리가 잃었던 것을, 장혜영은 다시 찾았을까?

핑크 소파를 박차고 나온
'우아한 미친년'

윤석남

누구나 유명한 화가가 되고 싶죠.
근데 그게 내 목표는 아니었던 것 같아.
내가 살아갈 어떤 방법을 찾는 것,
내가 존재할 수 있는 이유를 찾는 것,
그게 제일 우선이었죠.

여성의 욕망은 불온하다. 전업주부로 사는 중년 여성의 욕망은 더욱 불온하다. '등 따숩고 배부르니 호강에 받쳐서 저런다'라는 경멸에 찬 시선에도 딱히 반박할 거리를 찾지 못해 여자들은 외롭다. 채워지지 않는 삶의 허기, 충족되지 못하는 욕망에 헛헛해하지만, 스스로도 뭐가 부족해서 그러는지 알 수 없어 두리번거릴 뿐. 허기진 욕망을 '갖고 싶은 것'으로 채우려 애써봐도 '하고 싶은 것'을 잃은 영혼은 공허하다. '갖고 싶은 것'에 대한 욕망은 비교적 안전하다. 세상은 된장녀를 경멸하면서도 환대하니까. 그러나 '하고 싶은 것'을 욕망하면 위험해진다. 중년 여성이 가정의 울타리를 넘어, '내가 하고 싶은 것'을 찾는 것은 이기적이고 몽상적인 일로 치부된다. '하고 싶은 것'을 찾아 체제의 안전선 밖으로 언제 뛰쳐나갈지 모르는 럭비공 같은 여자들을 '미친년' 취급하던 시절도 있었다.

'우아한 미친년.' 화가 윤석남에 대해서 도쿄경제대 서경식 교수가 쓴 평론의 제목이다. 1939년 만주 봉천에서 출생한 윤석남은, 서울 사대부고를 졸업하고 직장생활을 하다가 스물여덟에 결혼했다. 직장생활중에 성균관대 영문과 야간 과정에 입학해서 1년 남짓 공부한 적은 있지만, 정규 미술 교육을 받은 적도, 화구畫具를 잡아본 적도

핑크 소파를 박차고 나온 '우아한 미친년'

없는 평범한 주부였다. 안정된 밥벌이를 하는 남자의 아내로 시어머니 모시고 유치원생 딸을 키우며 살던 그는 만 마흔 살이 되던 해, 전날 받은 남편의 월급봉투를 몽땅 털어 화구를 사와서는 "나, 그림 해야겠다"라고 선언했다. 그로부터 햇수로 40년째, 윤석남은 초인적인 작업량과 부단한 실험정신으로 드로잉과 페인팅, 시화와 공예, 조각, 설치 등 다양한 양식을 넘나들며 왕성한 작품활동을 하고 있는 현역 작가다.

서울시립미술관에서 원로작가 초청전 형식으로 열린 〈윤석남♥심장〉전을 찾아갔다. 한가한 평일 오후, 전시실에 들어서자 시선을 끄는 건 핑크빛 조명으로 은은하게 빛나는, 높이 3미터 지름 2미터의 거대한 심장이었다. '김만덕의 심장은 눈물이고 사랑이다'라는 제목이 붙어 있었다. 허난설헌이 연꽃 줄기를 가슴에 품고 서 있고, 조선의 기생이자 시인 이매창이 긴 팔을 내밀어 푸른 종을 들고 서 있다. 너와지붕 조각 하나하나에 그려진 여인들의 초상, 바닥을 뚫고 올라온 죽순처럼 도열한 수백 개의 여성 목상들, 그리고 그의 첫번째 모델이자 가장 중요한 영감의 원천이었던 어머니 연작……

윤석남의 작품을 관통하는 일관된 주제는 여성과 생명, 모성과 자매애다. '한국 여성주의 미술의 대모代母'라 불리는 이유를 알 만했다. 그의 작품에 나타난 여성주의는 비장하고 공격적이기보다는, 따뜻하고 솔직하며 관대하다. 기존의 남성 중심적 질서를 조롱하고 배척하는 방식이 아니라, 대안의 가치와 덕목으로 부드럽고 담대한 여성주의를 내세운다. 전시를 둘러보고 난 뒤 윤석남 작가에게 인터뷰를 청하는 메일을 썼다. 며칠 뒤, 미술관 앞에 나타난 그는 반바지에 샌들, 옥색 스카프에 헝겊가방을 멘 멋쟁이 할머니였다.

다른 예술 분야에 비해 미술계는 남성 독점이 특히 심한 것 같습니다. 문학이나 연극, 무용은 말할 것도 없고 요즘엔 음악이나 지휘 분야에서도 여성들의 활약이 두드러지는데 말이에요.
미술 분야에도 전보다 많아졌어요. 국립현대미술관장을 비롯해서 공공미술관 관장을 여성이 맡는 경우가 많아요. 이런 게 일본만 해도 아주 보기 드문 일이거든요.

그래도 전업작가 경우에는……
적죠. 여전히 전업작가 중 여성의 비율은 아주 적어요. 왠지 아세요? 여성 작가 작품은 잘 안 팔리거든요. 장래성이 없다고들 생각하는 것 같아요.

장래 투자가치가 없다고요?
남성 작가들처럼 여든, 아흔 살 될 때까지 여성 작가들이 계속 좋은 작업을 할 수 있을까에 대해서 신뢰하지 않는 거죠. 그게 걸림돌이 되는 것 같아요. 내가 이제 칠십대 후반인데 여성 화가 중에 아주 드물게 나이 많은 경우라고 하거든요. 근데 남성들은 팔십 넘어 돌아가실

핑크 소파를 박차고 나온 '우아한 미친년'

때까지 작업을 하잖아요.

여성 작가들은 왜 작품 활동을 길게 안 하죠? 평균수명도 여자가 더 긴데.
모르겠어, 왜 그러는지…… 동료들한테 물어보면 무릎도 쑤시고 여기저기 아프다고…… 근데 나이들면 남성들은 안 아픈가요? 어떤 때는 그게 참 쓸쓸해요. 이 나이 돼서 동료들이 많이 있다면 얼마나 좋을까? 그래도 내 아랫세대는 달라요. 이불이나 김수자같이 세계적으로 확 뻗어나가는 여성 작가들도 있으니까.

드로잉 작품에 보면 작가 서명을 '윤석남'이 아니라 '윤원석남'이라고 쓰셨어요. 어머니 원정숙씨의 성을 넣으신 거죠? 부모님 양성을 쓰는 여성 인사 중에 최고령자이실 것 같아요.
(반갑다는 듯이) 아, 그래요?

그럴걸요.
(박수 치며) 하하하, 그렇구나. 사실 여성주의가 뭔지도 잘 몰랐다가 80년대 중반에 '또하나의 문화'(여성학 연구자와 예술가들의 모임) 사람들 만나서 페미니즘을 공부하기 시작했고요, 1997년부터 '여성문화예술기획'(여성문화운동단체) 이사장을 한 10년 맡았는데 그거 하면서 양성 같이 쓰기 운동에 합류했어요.

'여성주의 미술Feminist art의 대모'로 불리시는데, 여성 미술이란 게 뭐지요?

80년대 중반, 한국 화단에 대변혁이 일어나잖아요. 민중미술운동이 시작되었는데 아, 이게 정말 나하고 맘이 잘 맞아. 그래서 그 1세대가 되었어요.

여성주의 미술에 대한 사전적 정의 대신, 윤석남은 자신이 여성주의와 만나게 된 이력에 대해서 설명하기 시작했다. 1986년 민중미술협의회가 발족하고 여성미술분과가 처음 만들어질 때 김인순, 김진숙 작가 등과 창립 멤버로 참가했다. 당시 민중미술 진영은 여성 노동자나 기층 여성에 초점을 맞추고 있었고 윤석남도 그런 '자세의 올바름'에 마음이 끌렸지만, 그 경향성에 완전히 동화되지는 못했다. 그런 경향의 작품을 만들려고 노력도 했다. 황학동시장에 가서 폐전자부품으로 나온 칩을 한 보따리 사서는 그걸로 여성 노동자의 토르소를 만들었다. 하지만 스스로 만족할 수 없었다. 작품은 여전히 미공개작으로 남아 있다.

왜 그 작품을 발표하지 않았죠?

거짓말하는 거 같아서. 처음엔 나도 여성 노동자 중 하나라고 생각했는데, 사실 중산층이잖아요. 내가 작업을 하려면 노동자를 잘 알아야 하는데, 모르는 걸 아는 척할 수가 없더라고요. 노동계급이 아닌데 노동계급인 척하는 게 스스로 용서가 안 되고요. 내가 모르는 얘기 말

핑크 소파를 박차고 나온 '우아한 미친년'

고, 그냥 내 주변의 이야기, 나 자신의 이야기를 하자 생각했어요.

그래서 민중미술에서 여성주의 미술로 돌아선 건가요?

솔직히 난 무슨 유파에 함몰되거나 무슨 그룹으로 대변되는 건 아닌
것 같아. 민중미술에 완전히 속하지도 않고, 그렇다고 순수미만 추구
하는 현대미술도 아니고. 나를 끼워넣을 데가 없으니까 사람들이 여
성 미술이란 장르로 날 얘기하는데, 그건 고맙죠. 어차피 난 죽을 때
까지 여성 얘길 할 거니깐. 근데 대모라는 말은 좀 안 했으면 좋겠어
요. 부담스러워요. (웃음)

핑크룸에서 질식할 것 같았다

**강남의 중산층으로 살던 사십대 주부가 민중미술에 관심을 가졌던 것 자체
가 좀 이례적인 일로 보입니다. 그 무렵 인터뷰 기사를 보니 구반포에 사셨
나봐요.**

맞아요. 구반포 중에서도 제일 럭셔리한 복층 아파트에 살고 있었죠.
그러니까 이건 중산층에서도 약간 상위 계급이랄까? 남편은 가진 것
없이 사업을 시작했지만 기술이 좋아서 자수성가한 사람인데 근본적
으로 엘리트의식이 강한 편이죠. 저하곤 굉장히 달라요. 저희 집은 지
금도 신문을 두 가지 봅니다. 남편은 조선일보, 나는 한겨레. (웃음) 그

래도 '당신은 당신이고 나는 나다.' 서로 인정하고 살아요. 그런 남편도 내가 민중미술에 관심 가질 때 "당신 참 웃겨. 당신 뭐야?" 한 적 있어요. (웃음) 근데 참 이상한 게 그때나 지금이나 난 재산에는 별로 관심이 없어요. 사실 저도 나름대로 갈등이 많았어요. 그때가 전두환 시절인데, 내가 이렇게 한가하게 그림이나 그리고 있는 게 맞나? 엄혹한 시절에 그림은 사치가 아닐까? 하는 고민도 있었죠. 거창하게 '체제에 대한 저항' 같은 걸 꿈꾼 건 아니지만, 어려서부터 '왜 부자는 잘살고 가난한 사람은 굶주릴까, 다 같이 골고루 잘사는 세상이 될 순 없을까' 하는 공상을 하곤 했어요. 아마 아버지 영향이 클 거예요. 반골 기질이 강하고 사회적 불평등에 대한 문제의식이 높은 분이었거든요.

윤석남의 아버지 윤백남(1888~1954)은 1923년 한국 최초의 극영화 〈월하의 맹서〉를 만든 감독이자, 나운규를 발탁해서 〈심청전〉을 찍은 '윤백남프로덕션'의 대표였다. 민중극단을 조직한 신극운동의 선구자였고 동아일보에 역사소설 『대도전大盜傳』을 연재한 인기 작가이기도 했다. 『민중에게 고함』이라는 책을 낼 만큼 사회주의적 색채도 강했지만 현실 사회주의의 한계와 모순도 잘 아는 분이었다. 살림은 늘 곤궁했다. 방탕함이라곤 모르는 신실한 분이었지만 돈에 얽매이는 걸 치욕스럽게 여기셨다.

핑크 소파를 박차고 나온 '우아한 미친년'

당대의 지식인, 문인이셨는데 경제적으로 어려우셨어요?

문인이고 대학교수면 뭘 해요. 서라벌예대 학장으로 재직하다가 돌아가셨지만, 돌아가실 때 집도 절도 없었어요. 부산으로 피란 갔다가 애들 여섯 데리고 돌아와보니, 우리가 살던 신설동 집에 피란민이 꽉 차 있는데, 그걸 내치지 못하셨어요. '저이들을 어떻게 나가라고 하나? 난 죽어도 못 한다' 하시면서. 그러고는 따로 셋방 얻어 살았죠. 신설동 집은 집문서고 뭐고, 두 번 다시 찾지 않았으니까 그후 어떻게 되었는지 몰라요.

아버지 돌아가시고 어머니 혼자 육남매 키우느라 고생 많으셨겠어요.

내가 만 열다섯 살, 어머니가 서른아홉 살에 아버지가 돌아가셨어요. 젊은 여자가 두 살짜리 막내까지 육남매 데리고 거리에 나앉았으니까 아버지의 문인 친구들이 보기 딱했는지 돈을 좀 모아주셨어요. 그걸 밑천 삼아 과자를 만들어 팔다가 홀랑 망해먹었죠. 공장 노동이고 밭일이고 안 해본 일이 없어요. 그 와중에도 금호동 언덕배기에 직접 흙벽돌을 손으로 찍어서 방 두 개에, 마루하고 부엌이 있는 집을 지으셨어요.

어머니와 아버지 나이 차이가 꽤 나던데 어떻게 만나셨대요?

아버지가 마흔다섯, 어머니가 열아홉 살 때였죠. 아버지는 동아일보에 소설을 연재하던 문인이었고, 어머니는 하숙집 딸이었어요. 아버지가 하숙집 들어오시기 전에도 어머니는 윤백남 작가의 열렬한 애독자셨대요. 한마디로 아버지는 영웅이었는데 그런 영웅이 당신 집으로 하숙을 들어온 거예요. 상상이 돼요? 한마디로 뿅 가지. (웃음) 난 이해가 가요.

아버지의 정실부인이 따로 계셨으니, 선생님은 말하자면……
첩의 자식이죠.

네. 첩의 자식. 그게 콤플렉스가 되진 않았나요?
아니, 전혀.

전혀 아니었다고요?
아니었어요. 어머니는 누구보다도 정직하고 자존심 강한 분이셨거든요. 아버지 돌아가시고 작은아버지가 조선전업(한전의 전신) 고문일 때도 절대로 집안에 손 벌린 적이 없어요. 1년에 딱 한 번, 세배만 보냈지. 그건 우리가 할 도리니까. 고등학교 3년 내내 나는 도시락을 못 싸갔지만, 가난이 부끄러운 적도 없었어요. 굶어 죽어도 엄마는 늘 당당하고 명랑했어요. 그게 자식들 자존감을 지켜준 것 같아.

명문고를 나왔는데도 대학 진학을 안 한 건 넉넉지 못한 집안형편 때문이었나요?

핑크 소파를 박차고 나온 '우아한 미친년'

밑에 남동생이 워낙 공부를 잘했어요. 내가 회사에 취직해서라도 얘는 공부를 시켜야겠다 하는 생각이 있었죠. 그게 당시 내 또래 여공들의 의식일 거예요. 난 그걸 부정적으로 보지 않아요. 그렇게 식구들 건사해서 보살피고, 나중에라도 자기 갈 길은 가지 않았을까요? 게다가 내가 약간 저항적인 성격이라 고등학교 때 카뮈나 사르트르 같은 실존주의 책을 읽으면서 '생존 자체의 의미'를 찾는 게 중요하지, 무슨 대학을 나왔다 하는 건 장식에 불과하다는 생각을 갖고 있기도 했고요. 취직해서 번 돈으로 뒤늦게 성균관대 영문과 야간대학 과정에 진학했지만 1년 만에 그만뒀어요.

직장에 다니다가 스물여덟에 결혼하셨는데, 당시로선 늦은 나이죠?
연애는 오래 했어요. 스물둘에 고등학교 동창을 만나 6년을 사귄 거죠. 처음 만날 때 남편은 서울공대 4학년이었어요. 군대 제대하고 돌아와 보증금 1만 3000원에 월세 1300원짜리, 부엌도 없는 사글세 단칸방에서 살림을 시작했어요. 시어머니 모시고 살았죠.

단칸방에서 시어머니랑 같이 살아요? 신혼부부가?
방 하나에서 같이 살았어요. (웃음)

그래서 오랫동안 아이가 안 생긴 거 아녜요?
그럴 수도 있었겠지. (웃음) 그때는 그냥 그러려니 하고 살았어요. 우리 어머니가 나한테 정말 서운해하신 건, 내가 책을 읽으면 누가 뭐라 해도 듣질 못해요. 아무리 불러도 대답 안 하고 책만 보고 있으니까 얼마나 자존심이 상하셨겠어. 그걸 대놓고 말씀도 안 하시고.

하루종일 시어머니랑 둘이 단칸방에서 지내는 거예요?

그랬죠. 어머니 진지 잡수세요, 그러곤 아무 소리 없이 둘이서 밥 먹고, 설거지하고. 그러고 나는 책 보고 그렇게…… 지금도 마음이 아파요. 좀더 잘해드릴걸. 내가 막내며느리인데 돌아가실 때까지 모시고 살긴 했지만 어머니 입장에서 보면 내가 참 어렵고 냉정한 며느리였을 것 같아요.

빈손으로 시작한 남편의 사업은 비교적 순탄하게 성장했고, 단칸 월세방에서 방 두 칸짜리 전세로, 다시 24평 아파트로 살림도 불어갔다. 오랫동안 아이 소식이 없더니 결혼 8년 만에 임신이 되어서 서른여섯에 딸아이도 낳았다. 모든 일이 순조롭게 돌아가는 듯했지만, 윤석남은 깊은 우울에서 헤어나질 못했다.

경제적으로 안정되고 예쁜 딸도 얻으셨는데 뭐가 문제였죠?

열렬하게 사랑해서 결혼한 거잖아요. 근데 2년쯤 지나니까 삶의 의미가 없어지더라고. 나는 왜 살고 있지? 아무리 생각해봐도 내가 살아야 될 이유가 없는 것 같아. 남편은 출장 가면 보름씩 있어요. 어머니

핑크 소파를 박차고 나온 '우아한 미친년'

때문에 할 수 없이 밥은 하지. 냉장고에 먹을 게 다 떨어질 때까지 밖에도 한 번 안 나가고. 햇빛도 보기 싫었어요. 그러곤 집에 있는 책을 읽고 또 읽는 거지. 『닥터 지바고』를 한 여섯 번은 읽었을 거야. 난 왜 살고 있지? 삶의 의미가 없었어요. 일종의 우울증이었겠지.

아이가 위안이 되지 않던가요? 귀하게 얻은 자식인데.
예쁘죠. 그런데 어떤 그리움이라고 해야 하나. 아기를 낳았지만 허전함이 채워지진 않고, 내가 꼭 살아야 될 절실한 이유를 찾지 못하겠더라고요. 모르겠다, 그 이유는.

훗날 윤석남은 당시 자신의 삶을 〈핑크룸〉 연작으로 형상화했다. 윤기 흐르는 핑크 공단으로 감싼 화려한 서양 소파, 보석 같은 자개가 박힌 옷을 입고 소파에 붙박인 무기력한 여성. 비단 소파를 뚫고 불순한 욕망, 위험한 금기 같은 검은 터럭들이 스멀스멀 기어나오는데, 날카로운 발톱으로 위태롭게 서 있는 의자 위에 편안히 걸터앉을 수도, 바닥에 깔린 핑크 구슬 위에 똑바로 발 딛고 설 수도 없는 화려하고 허망한 삶의 진공상태.

그 핑크 소파를 보는 순간 박완서 소설 「부끄러움을 가르칩니다」가 떠올랐어요. 중산층 여성의 위선과 자괴감을 그린.
박완서씨도 나하고 비슷했겠죠. 핑크룸이 처음 그림 시작할 때의 내

〈핑크룸IV〉

혼합 매체, 설치, 1995.

소장 정보

퀸즐랜드 아트갤러리(브리즈번, 호주) / 타이베이 시립미술관(타이베이, 타이완)/ 경기도미술관(안산, 한국)/ 작가 소장 모습이에요. 내가 1979년에 미술을 시작했는데 솔직한 내 얘기를 핑크룸으로 하기까지 십몇 년이 걸렸지.

'맘대로 휘둘러보고 싶어' 시작한 미술

질식할 것 같던 핑크 소파 위의 삶에 첫 숨통을 틔워준 것은 서예였다. 친구 하나가, 시인 박두진 선생이 서예를 가르친다며 같이 배워보지 않겠느냐고 했다. 서예를 해본 적이 없었지만 '뭔가를 해야겠다'는 생각에 반갑게 따라나섰다. 윤석남에게 서예는 취미로 하는 여가활동이 아니었다. 죽기 살기로 매달리는 삶의 마지막 보루였다. 한 일一 자 하나를 써오라고 하면 남들은 네댓 장 써오는 걸 윤석남은 신문지와 한지에 날이 새도록 수백 장을 써갔다.

왜 뜬금없이 서예예요?

아니, 내가 왜 사는지 도무지 의미를 찾을 수 없었는데, 글씨를 쓰면서 확 폭발한 거지. 아, 이거 하면서 죽을 때까지 살면 되겠다 싶고. (가슴을 치며) 나 여기 있어, 나 봐줘…… 하는 마음. 나를 표현하고 싶었던 것 같아요. 매일 새벽 3시까지 신문지 수북이 쌓아놓고 그거 다 쓰고 나면 화선지에 차곡차곡 써 가지고 갔어요. 선생님이 깜짝 놀라셨죠. "아니, 웬 숙제를 이리 많이 해왔어?" (웃음)

뭔가 몰두하는 게 좋으셨군요. 그런데 왜 4년간 하던 서예를 중단하고 그림으로 바꾸셨어요?

열심히 하면 창작으로 연결될 거라고 생각했는데 선생님이 "임서기간이 20년은 된다" 하시더라고요. 그 얘기에 확 절망했죠.

무슨 기간이요?

임서기간臨書其間. 선생님이 써준 문자를 서체 그대로 베껴서 연습하는 기간. 이미 4년을 했는데 20년은 채워야 한다고 하니까 아득한데. 내 걸 만드는 게 아니고 베껴 쓰기 연습만 20년이라니…… 우연히 그 무렵에 친구 동생이 우리집에 왔는데, 걔가 홍대 미대 나온 아이야. 내가 하소연을 했죠. "나는 말이야, 그림을 그리고 싶은데 어떻게 시작할지 모르겠어" 하니까 대뜸 "그럼 언니, 내가 선생님 소개해줄게" 하더라고요.

그길로 당장 뛰어나가 화구 일체를 장만했다. 전날 받은 남편의 한 달 치 월급을 몽땅 털어넣어서. 그러나 소개받은 이종무 화백에게서 받는 개인 교습은 두 달을 넘기지 못했다.

교습을 왜 그만두셨어요?

화실에 가보니까 부인들이 쫙 그림을 그리고 있는데, (손바닥을 가리키며) 요만한 캔버스에 오비작오비작 그리고 있더라고. 난 처음부터

핑크 소파를 박차고 나온 '우아한 미친년'

50호(116.7cm×90.9cm)짜리 캔버스를 사가지고 갔거든. 선생님이 기절하시려고 해, 왜 이렇게 큰 걸 샀냐고. "유화를 해봤어요?" "아니 한 번도 안 해봤는데요" 했지. (웃음)

그래서 두 달 배우고 그만두신 거예요?
그냥 혼자 해도 될 것 같았어요. 기술은 결국 내가 터득하는 거지, 선생님한테 배우는 게 아니라고 생각했죠. 참 이상한 사람이죠, 내가.

네, 이상하세요. (웃음)
너무 이상해. 지금 생각해도…… 그 무슨 자신감인지.

타고난 재능이 있으신가봐요.
재능이 있거나 없거나 난 상관없어요. 내가 하고 싶은 거라 하는 건데 재능이 있거나 말거나 무슨 상관이야? 솔직히 난 예술이란 99퍼센트가 노력이라고 생각해요. 끊임없이 그쪽으로 생각하는 거지. 데생도 미대생한테 한 달 배우다 말고 혼자 했어요. 하도 (연습을) 하니까 지하철을 타면 사람들이 다 면으로 보이더라고. (웃음)

한두 달 기초적인 강습을 받고 나니 혼자서 해보고 싶다는 생각이 들었다. 어차피 "내 맘대로 휘둘러보고 싶어" 시작한 미술이었으니까. 제일 그리고 싶은 대상을 마음속으로 떠올렸다. 어머니였다. 시어머니 모시고 사는 집으로 일주일에 두 번씩 친정어머니를 오시라 해서 그리고 또 그렸다. 그림에 입문한 지 3년 만에 지인의 권유로 1982년 첫 개인전을 열었다. 단 일주일간의 전시회였지만 예상 밖의 호평을 받았다.

미술 시작하고 3년 만에 개인전을 할 만큼 작품이 되던가요? 작품 물량이 많아야 하잖아요.

그때 전시한 게 한 서른 점 돼요. 집중하면 굉장히 속도를 내는 것 같아요. 난 꽂히면 거기에만 올인하고 유유자적하는 게 안 되는 사람이에요. 여럿이 공동화실을 썼는데 남들 차 마시고 잡담할 때도 난 구석에 가서 그림만 그렸어요. 아침에 아이 학교 보내고 설거지하고 집에서 나갔다가, 오후 3시에 애가 학교에서 올 시간 되면 집에 돌아오고 저녁 6시에 밥 먹이고 다시 화실 가서 12시까지 있다 왔죠.

서울대와 홍대 미대의 양대 산맥이 버티고 선 화단에서 독학으로 익히다시피한 그림으로 전업작가가 되겠다고 결심하는 건 쉽지 않은 일이었을 텐데요.

글쎄, 오히려 득이 되지 않았을까? 어느 쪽에도 안 속하니까 견제받을 일도 없고. 아니, 솔직히 얘기할게요. 난, 그런 건 아무래도 상관없었어. 아이 돈 케어I don't care. 누가 끌어주든지 말든지! 근데 그런 배짱이 어디서 나왔을까?

하하하, 그게 제 질문입니다. 그런 배짱이 어디서 나왔냐고요?

나도 모르겠어요. 처음 그림 그리기 시작할 때는 누구나 유명한 화가
가 되고 싶죠. 세계적인 화가가 되고 싶고. 근데 그게 내 목표는 아니
었던 것 같아. 그냥…… 내가 살아갈 어떤 방법을 찾는 것, 내가 존재
할 이유를 찾는 것, 그게 제일 우선이었죠.

초기에 신문에 소개될 때는 '규수작가' '주부화가'로 호명되었던데요.

그런 호칭 많이 썼어요. 정말 거지 같았어. (웃음)

전시회가 끝나고 남편이 물었다.

"당신, 그림 계속 그릴 거야?"

"물론이지."

윤석남은 한 치의 망설임도 없이 답했다. 남편은 이왕 할 거면 미국
에 가서 공부해보라고 권했다. 유치원 다니는 딸아이를 국내에 떼어
놓고 윤석남은 1983년부터 1년간 뉴욕의 프랫인스티튜트 그래픽센
터와 아트스튜던트리그에서 수학했다.

미국 유학생활은 어땠습니까?

한국에 있을 때는 무조건 그리기만 했잖아요. 죽을 때까지 하고 싶단
생각으로. 근데 미국에서 현대미술을 보면서 '예술이란 게 우리 삶과
무슨 관계가 있을까'를 아주 깊이 생각하게 된 것 같아요. '미술이란

이렇게 그려야 해'라는 정형화된 생각을 완전히 깨뜨리고, 눈치볼 필
요 없이 하고 싶은 대로 하면 된다는 생각을 아주 강하게 품게 되었
죠. 결국 미술이라는 건, 자기를 들여다보고 관찰하면서 나 자신을 깎
고 또 되새기는 작업의 총체적인 결과물이란 생각을 하게 되었거든
요. 내 인생의 중요한 터닝포인트죠.

'밥 한 사발 노나 먹는' 모성의 힘으로

끊임없이 자신을 들여다보고 되새기는 과정을 통해서 윤석남은 어떤
답을 얻었을까? 그가 미술에 입문하고 제일 먼저 천착한 주제는 그의
어머니 원정숙(1915~2010)이었다.
열아홉 살 어린 나이에 하숙집 딸로 스물일곱 살 차이가 나는 윤백남
을 만나 그의 후실이 되고, 서른아홉에 과부가 되어 여섯 남매를 억척
스레 키워낸 어머니. 아흔다섯 살에 작고하실 때까지 진심으로 세상
떠난 아버지를 그리워하고 다시 태어나도 아버지를 만나겠다고 하던
순정 어린 여인, 공장 일에 밭일까지 하면서도 '센베이' 한 봉지 사들
고 밤늦게 돌아와 자는 애들을 깨워 카드놀이를 하자셨던 낙천적인
생활인, 수재 소리를 듣는 귀한 아들들에게도 설거지와 집안 청소를
분담하게 하셨던 진보적인 엄마, 초등학교만 겨우 마친 학력에도 도
스토옙스키의 『죄와 벌』 『카라마조프가의 형제들』을 즐겨 읽으시던

핑크 소파를 박차고 나온 '우아한 미친년'

깨어 있는 여성이었다.

선생님 작품에 흐르는 '여성성'의 영감의 원천은 어머니셨던 것 같습니다. 그런데 희생적이고 가족에게 무한 헌신하는 어머니에 대한 그리움과 연민은, 굉장히 가부장적이고 반여성적인 작가들이 즐겨 찾는 테마이기도 하단 말이죠.
나도 그것 때문에 작업하면서 굉장히 고민했어요. 내가 현재를 살고 있는 여성들을 가부장적인 시스템에 묶어놓는 건 아닌가…… 근데 자세히 보면 우리 엄마는 희생만 하고 산 가련한 분이 아니에요. 희생만으론 그런 사랑이 안 나오죠. 내 몸을 바쳐서라도 이루고 싶은 어떤 희망, 그게 자식들을 잘 키워내는 일이든 가난한 이웃을 보듬는 일이든, 그렇게 사랑을 베푸는 걸로 하나의 희망을 만드는 큰 힘이 있었어요. 온몸을 다해서 삶의 희망을 보여주는 전범典範으로서의 어머니가 있는 거죠. 김만덕도 그렇잖아요. 궂은 일 다 하고 거상으로 성공해서 굶주리는 사람들을 살려내는 여성의 힘. 그게 내가 생각하는 삶의 표본 같아요.

저희 세대는 이전 세대 여성들보다 가정 내에서 실권을 많이 가지고 있어요. 아파트 재테크나 자녀 사교육도 대개 여자들이 좌지우지하죠. 이 극성스런 여성 파워는 어떻게 봐야 할까요?
그건 여성성이 아니에요. 여자들이 자기 자식밖에 모르고 극성스러워지는 '막무가내 모성'을 보면 정말 나부터 이를 앙다물게 돼요. 우리 어머니 시대엔 그런 가족이기주의가 아니었어요.

어떻게 다른가요?

그때는 너나없이 가난해서 그랬는지 모르지만 자기는 이익을 좀 덜 보더라도 선한 마음으로 타인을 보듬고 가는 정서가 있었어요. 내 새끼만 잘되면 돼, 이런 게 아니었다고요. 마을 전체가 다 가족이었지. 우리 엄마만 해도 그래요. 70년대만 해도 시골서 돗자리 장수가 올라왔어요. 광주리에 가득히 이고 지고. 우리랑 아무 연고도 없는 할머니였는데 어머니는 그분 오시면 매번 우리집에서 주무시게 했어요. 방 두 칸에 일곱 식구가 사는데 그 할머니까지, 그냥 껴서 자는 거지. 엄마 사랑이라는 건 자식한테만 가는 게 아니에요. 모든 생명을 귀하게 여기고 보듬고, 나뭇가지 하나라도 덜 꺾으려고 하는 그런 사상, 그런 게 여성성 아닐까.

선생님은 작품의 소재나 표현방식 면에서도 끊임없이 변화를 주고 새로운 걸 실험해오셨습니다. 재료도 버려진 가구, 빨래판, 구슬, 폐목 같은 생활 쓰레기까지 쓰신단 말이죠. 김혜순 시인은 "비천한 것들을 가지고 인간의 삶을 보여준다"고 썼어요.

버려진 물건에 대해서 특별히 애착을 가지는 건 아니에요. 다만 그 물건에서 어떤 형상이 보이면 안 쓸 수가 없는 거죠. 옛날 값비쌌던 자

핑크 소파를 박차고 나온 '우아한 미친년'

개장도 유행이 지나면 사람들이 촌스럽다고 내다버려요. 근데 그걸 들여다보면 어떤 형상이 보이는 거예요. 너와 조각도 가만히 들여다보면 거기 사람이 있는 게 보여요. 표면이 주글주글하면서도 부드러운 얼굴.

어머니를 캔버스에 담으면서, 버려진 빨래판과 폐품을 이어서 어머니의 부조를 만들면서, 윤석남은 세상 어머니들의 긍정적 낙관과 강인한 모성을 생각했다. 세상의 여리고 약한 것들을 보듬는 모성의 가치를 발견하면서, 애써 외면하고 부정해온 자기 안의 욕망과 화해했다. 인간으로서 삶의 가치를 추구하고 그걸 나누려는 몸짓은 사치가 아니다. 여성성은 나누고 베푸는 즐거움을 추구하는 본성이라는 걸 그는 깨달았다. 윤석남에겐 비싼 옷이나 명품 백이 없다. 그는 지금도 생활비의 5퍼센트를 뜻있는 일에 기부한다.

이후 윤석남의 작품은 허난설헌과 이매창, 김만덕, 나혜석, 최승희, 고정희와 같은 역사 속 여성들과의 공감으로 표현되었고, 버려진 개들을 거둬 키우는 평범한 동시대 여성에 대한 헌사로 이어졌다. 〈1025: 사람과 사람 없이〉(2008년작)는 1025마리의 유기견을 돌보는 이애신 할머니에 대한 기사를 읽고 5년여에 걸쳐 1025마리의 개를 조각하고 드로잉해 만든 작품이다. 1025마리의 개를 새기면서 윤석남은 채식주의자가 되었다. 작품을 할 때마다 그는 치유받고 고양되었다. 그 희열은 지난 40년간 그의 변화무쌍한 창작열을 뒷받침해온

원동력이다.

선생님 자신이 생각하는 윤석남은 어떤 사람입니까?

좋게 말하면 고정관념으로부터 자유로운 사람, 나쁘게 말하면 독불장군? (웃음) 누가 날 보고 뭐라 하든, 그러든 말든, 내가 하고 싶은 대로 움직여요.

자신을 믿고 사랑하는 건 타고난 성격인가요? 노력의 결과인가요?

훈련의 결과가 아닐까? 난 지금도 사람 많은 데 못 가고, 어딜 가도 구석만 지키다 얼른 집에 오고, 재산은 1원도 내 몫으로 만들지 못하고 관심도 없고…… 부족한 점투성이에요. 그래도 낙천적으로 살 수 있는 건 어려서부터 엄마가 시킨 훈련 덕인 것 같아. '이거 아무 일도 아니다. 살다보면 더 큰 일도 있다.' 이렇게 얘기하시면 진짜로 마음이 편해졌거든요. 금호동 블록집에 살 때 3년 동안 쌀 구경도 하기 힘들었는데 그때도 집에 걸어올 때마다 '나 혼자 잘사는 건 행복할 것 같지 않아. 골고루 같이 잘살면 좋겠다'는 공상을 하곤 했어요. 그런 공상을 했다는 게 내 장점이고 낙관의 원천인 것 같아요.

윤석남이 일기처럼 짧은 글을 써넣은 드로잉 중에는 어린애를 꼭 품고 앉은 할머니가 있다. 번잡한 땅에서 한 발 떨어져서 하늘로 이어진 그네에 매달린 채, 할머니의 기원이 또박또박 들풀처럼 땅에 뿌

핑크 소파를 박차고 나온 '우아한 미친년'

려진다.

천지신명께 비나이다. 천금 같은 내 강아지 이 땅에 자라나서 큰사람 되거
들랑 약한 사람 도와주고 부자가 되거들랑 밥 한 사발 노나 먹게 도와주옵
소서. (윤원석남. "미국 군인 아프가니스탄 땅으로 들어가 폭탄을 떨어뜨린다는 뉴
스를 듣는 게 아파서 티브이를 꺼놓는다.", 2001. 10. 13.)

윤석남을 숨막히게 옭아매던 '핑크 소파'가 세상을 구원하는 김만덕
의 '핑크빛 심장'으로 거듭나는 데 40년이 걸렸다. 그는 미술을 통해
서 자신의 욕망에 정직하게 응답했고 자신이 살아갈 이유를 찾았다.
팔순을 바라보는 윤석남이 40년 전 핑크 소파에 매여 있던 자신의 가
장 우울했던 시절을 떠올리며, 여전히 그 소파를 버리지 못하고 있는
우울한 여성들을 향해 말한다. 그의 어머니가 그에게 말했듯이. "괜찮
아요. 이제 소파를 박차고 나와도 돼요. 이런 건 아무 일도 아니에요"
라고.

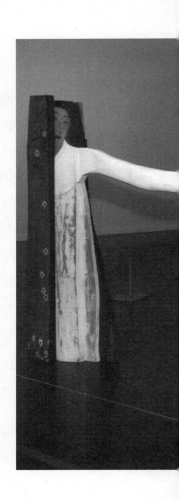

화가. 안정적인 밥벌이를 하는 남자의 아내, 결혼 8년 만에 얻은 귀한 딸의 엄마로, 큰 분란 없이 순탄하게 이어지던 중산층 여성의 일상이 그에겐 왜 그리 공허하고 무망했을까? 그에게 미술은 끊임없이 자신을 들여다보고 깎고 되새기는 성찰의 과정이다. 그는 미술을 통해 자신 안의 '불온한' 욕망과 화해하고, 여리고 약한 생명을 보듬어내는 강인한 여성성의 가치를 재발견한다.

열한번째 · 순간

영웅도 호구도 아닌
민초들의 이야기꾼

황석영

'내 인생과 내 문학을 일치시키는 작가가 되고 싶다'고
서원했었는데, 살다보니 문학이라는 큰 무대에 오른
하나의 배역으로 내가 살고 있다는 생각이 들더라고요.

약속 시간이 15분이나 남았는데 그가 카페를 향해 걸어오는 게 보였다. 입구에 와서도 그는 바로 들어서지 않고 주변을 두리번거렸다. 자리에서 일어나 손을 흔들었지만, 선팅된 유리창 때문인지 그는 실내에 있는 우리 일행을 알아보지 못했다. 다가가 인사를 드리니, 시선을 다른 데 두고 있던 그가 흠칫 놀란 투로 말했다.

"아, 벌써 오셨어요? 오늘 바람도 좋은데 밖에 앉으면 어떨까 싶어서……."

청색 티셔츠 위로 검은 남방의 단추 몇 개를 풀어 입고 작은 남성용 핸드백을 든 차림이었다. 칠십대 중반이라곤 믿어지지 않는 단단하고 군살 없는 체구였다.

"한겨레에선 왜 자꾸 이상한 사진만 쓰는지 몰라. (찡그린 표정 지으며) 입 헤벌리고 인상 찌푸린 거나 싣고…… 그런 거 말고 이번엔 좀 멋지게 찍어주세요."(웃음)

한국을 대표하는 문인이자, 아시아·유럽·미주 18개국에 71종의 작품이 번역 출판된 세계적인 작가이지만, 황석영에겐 왠지 '대문호'라든가 '거장'과 같은 호칭을 붙이는 게 어울리지 않는다. 그는 근엄하고 엄숙한 아우라를 거부하고, 아무하고나 퍼질러 앉아 막걸리 한 사발 나누

영웅도 호구도 아닌 민초들의 이야기꾼

는 우리 시대의 '이야기꾼'이기를 자처한다. 2011년 한 언론과 한 인터뷰에서 황석영은 '작가란 사상가라기보다는 시정잡배'라고 잘라 말했다. 동학혁명을 배경으로 그린 소설 『여울물 소리』의 이신통이 그랬던 것처럼.

> 천안 장터에서 사람들을 모아놓고 이야기를 하고 있었는데 울고 웃고 성나고 기쁘게 하기를 하늘이 여름날의 바람과 구름을 희롱하는 듯했다. 옛말에 이야깃주머니라고 하더니 바로 신통이 그러했다. (황석영, 『여울물 소리』, 창비, 2014, 55~56쪽.)

이야기꾼 황석영은 평생 저잣거리, 부박한 삶의 현장을 떠나지 않았다. 그는 국내외 명망가와 정치인, 문화예술인들과 깊이 교유해왔지만, 그의 작중인물은 대부분 유랑민, 부랑자, 노동자, 광대, 기생, 장삼이사의 평범한 인생들이었다. 그는 세상의 치열한 중심을 비켜 간 적이 없고, 더러는 일부러 찾아가면서 그 불꽃의 현장에 함께하고자 했다. 황석영에게 문학이란, 역사란, 삶이란 무엇일까? 아니, 어쩜 더 중요한 이번 인터뷰의 질문은 황석영에게가 아니라, 우리 자신에게 돌려야 하는 건지도 모른다. 우리에게 황석영의 삶과 문학이란 어떤 의미인가?

2017년에 자전 『수인』이 출간되었습니다. 지금까지 수많은 작품을 발표하

셨지만 선생님 인생을 드러내는 자전을 펴내는 소감은 또 다를 것 같아요. 『수인』 에필로그에서 "자전은 원래 내가 하고 싶지 않았던 작업이다"라고 쓰셨던데, 출간을 결심한 동기가 뭡니까?

처음부터 하기 싫었던 작업이에요. 감춰두고 싶은 창피한 얘기까지 다 탄로나는데다가 나중에 소설로 써먹을 수 있는 소재까지 다 까놓는 거니까. (웃음) 처음에 중앙일보에서 '남기고 싶은 이야기들'로 연재하다가 중단한 건데, 차일피일 10년을 끌다가 대충 대담으로 마무리하려고 하니까, 그 얘길 듣고 강태형(전 문학동네 대표이사)이 막 화를 내는 거야. "당신 개인적인 문제가 아니고 한국문학의 자산이고 한국문학사에서 굉장히 중요한 작업인데 왜 그걸 어린애처럼 방기하냐?" 하면서. 듣고 보니 그 말이 맞아. 내가 큰 잘못을 한 것 같더라고요.

신문에 연재할 때 쓴 내용을 대폭 줄이고 전체 구성을 바꿔서 4000매를 더 썼다. 1993년 구속되어 7년형을 받았다가 1998년 김대중 특별사면으로 풀려날 때까지 감옥에서의 5년을 기본 시간대로 잡고 방북과 망명, 유년기와 광주항쟁과 월남 파병 등을 그 시간대 안에 교차해서 만들었다. 자신의 인생을 온전히 드러내는 일은 소설과 달라서 '나도 모르게 주인공의식에 사로잡혀 자신을 미화하거나 엄살을 부리'는 나와 싸워야 했다고 그는 집필 과정의 어려움을 토로했다.

영웅도 호구도 아닌 민초들의 이야기꾼

자기 인생을 객관화하는 게 가능한가요?

원래 6000매 분량이었는데, 마지막 부 2000매를 아예 없애버렸죠.
이 부분이 '1998년 이후 현재까지'인데 최근 일이다보니 자꾸 변명하
게 되고, 자기 자랑이 많이 들어가고. 꼭 밤에 써놓은 연애편지 같더
라니까. (웃음) 아직 정리가 안 됐다는 얘기지. 작가에겐 소설보다 자
전을 쓰는 게 훨씬 어려운 것 같아요.

문학이라는 큰 무대에서, 하나의 배역으로

책을 읽으며 진심으로 감탄스러웠던 건, '이렇게 방대한 스케일로 한 시대
의 주요 인물군이 총망라된 개인사가 또 있을까?' 하는 점이었어요. 김일성
부터 지존파 두목까지, 재벌 총수부터 민주화운동 인사들, 일용노동자들까
지, 시간적 공간적으로 이렇게 다양한 인물을 만나본 사람이 몇이나 될 것
이며, 둘째로 설사 그렇게 만나봤다 하더라도 이렇게 치밀하고 상세하게 당
시 상황을 기억하고 기록할 수 있는 사람이 또 있을까 싶었습니다. 감옥에
서 만난 잡범들이나 북한 초대소 직원들의 고향, 가족관계, 나눈 대화 내용
들까지 어쩌면 그렇게 세밀하게 기억하고 재현해낼 수 있죠?

기억력 갖고 먹고산 것 같아요. (웃음) 나한테 재간이 있다면 디테일
을 기억해내는 거죠.

평소에 메모를 많이 하세요?

전혀 안 합니다. 『장길산』도 메모 없이 썼어요. 거기 한 3000명 나오는데, 죽었던 놈이 다시 살아서 돌아오고 그런 대목도 있어서 나중에 정리할 때 다 뺐지만. (웃음)

인공지능이 아니라 인간지능 '빅데이터'로군요. (웃음) 비결이 뭐죠? 사람에 대한 엄청난 관심이나 몰입이 없다면 불가능한 일입니다.

바로 그거죠. 전 사람에 관심이 많아요. "대장부는 풍경에 현혹되지 않는다. 사람에게 현혹될 뿐"(웃음), 이런 얘기를 하거든요. 혼자서 카페에 한두 시간 앉아 있어도 난 전혀 지루하지 않아요. 사람을 관찰하니까. 크로아티아 갔을 때 카페에서 일하는 뚱뚱한 사내가 안경을 썼는데, 아마 그냥 장사하던 애가 아니고 문자 이력이 좀 있는 애인 것 같다, 누가 자주 오는데 그 사람하고 자주 앉아 뭐라 뭐라 하더라 이런 걸 기억하는 거죠.

현실의 인물들이 모두 문학적 캐릭터로 치환돼서 입력이 되는 건가요?

그렇죠. 기억력이 좋다는 건, 남들하고 관점이 다른 거예요. 셜록 홈스가 남의 바짓단을 흘낏 보고는, '저 바짓가랑이에 뭐가 묻어 있고 쟤가 어느 길을 돌아왔다' 이런 걸 추론하는 것처럼.

그럼 글의 소재가 고갈된다든가 하는 일은 별로 없겠네요?

영웅도 호구도 아닌 민초들의 이야기꾼

없습니다. 쓸거리가 없어서 암담한 적은 없어요. 어떤 얘기가 깊은 인상을 주고 재밌을지 그런 게 문제지. 집을 지을 때 철근 세우고 벽 세우고 인테리어를 하잖아요? 나는 인테리어 재료가 너무 많은 거야. (웃음) 영화 찍을 때 배역별로 갖다 쓰듯이 기억하고 있는 인물 유형들을 골라서 쓸 수 있죠.

선생님은 '소설가 황석영'이라는 말로는 다 담기지 않습니다. 막노동꾼, 구로공단 노동자, 마당극과 노래굿 제작자, 통일운동가…… 이런 다양한 활동을 소설가로서의 취재활동이라고만 볼 수는 없지 않습니까?
젊은 시절에 이런 서원誓願을 한 적 있습니다. "나는 내 인생과 내 문학을 일치시키는 작가가 되고 싶다"라고요. 내가 읽은 작품과 달리 저 작가는 전혀 다른 삶을 살고 있네, 그런 경우가 대부분이거든요. 그런데 나는 살다보니까 이게 엇비슷하게 맞아떨어지면서 (인생과 문학이) 같이 왔어요. 작가로서 행운이죠. 나는 망명하고 투옥되고 밖에서 통일운동 하고 그럴 때도 내가 무슨 활동가로서의 삶을 산다고 생각 안하고 나는 지금 문학적인 삶을 살고 있다, 이를테면 내 문학이라는 큰 무대에 오른 하나의 배역으로 살고 있다, 이런 생각을 했어요. 그런 문학이라는 집이 없었으면 저는 아마 굉장히 방황하고 좌절했을 거예요. 근데 뒤에 든든하게 달팽이처럼 문학이라는 집을 짊어지고 댕겼으니까 자신이 있었다고 할까……

문학이란 게 선생님한테 뭔데요?

그게 '나'예요. 나한테 '광대의식' 같은 게 있거든요. 진심을 드러내지 않으면서, 애들 웃기고, 늘 분위기 띄우고…… 그 밑에 있는 '진정한 나'가 문학이죠. 근데 나는 내가 문학한다고 표시내는 걸 굉장히 쑥스러워했어요.

왜요?

일기 쓰고 시 쓰는 건 왠지 사내다운 짓이 아니라고 여겼나봐요. 문예반에도 들어간 적이 없어요. 내가 고등학교 여러 군데서 퇴학맞고 공고 야간부를 졸업했는데 거기 동창들은 내가 글 쓰는 사람 된 걸 몰라요. 이름도 황수영이니까(황석영은 필명이다). "넌 뭐하냐?" 묻는데 내가 고만 실수했지. "나 글 써서 먹고산다." 그러니까 애들이 웃음을 참으려고 (흉내) 콧날개가 벌렁벌렁해. "글? 뭔 글?" 그러면서. (웃음)

하하, 열아홉 살에 『사상계』 신인문학상 받은 사람한테……

어릴 때는 좀 사색적인 문학소녀하고 사귀고 싶은데, 걔네들도 날 처음부터 오해하는 거예요. 날 '체육계'로 알아. 무슨 권투선수…… 그래서 나한테 그래요. "더러 책은 읽으시나요? 생각도 좀 하시고요?" (웃음)

황석영의 성장기와 청년기는 방황과 방랑의 연속이었다. 가출과 낙

영웅도 호구도 아닌 민초들의 이야기꾼

제와 퇴학, 일용노동자를 따라 전국을 떠도는 방랑과 절간의 행자 생활, 세 번의 자살 시도와 깊은 조울증…… 그의 은밀한 허무감과 외로움의 뿌리는 무엇이었을까? 만주에서 고등교육을 받고 기업가로 성공한 아버지와 평양에서 서문여고를 나오고 일본 유학까지 다녀온 인텔리 어머니 사이에서 태어나 경제적으로 큰 어려움 없이 성장했지만, 그에겐 어려서부터 '뿌리 뽑힌 유랑민'의 비애가 있었다.

> 오랫동안 우리 형제들은 어머니의 영향 아래서 여기가 임시 거처에 지나지 않는다는 잠재의식 속에서 성장한다. 언젠가는 고향에 돌아가야 한다는 것이다. 우리는 오랜 기간 '난민'이었다. (황석영, 『수인 1—경계를 넘다』, 문학동네, 2017, 390쪽.)

영등포의 노동자 영단주택(집단주택)과 길 하나를 마주보고 살던 그는 가난한 노동자의 자식들과 어울려 놀기는 했으나 계급이 다른 그들과 완전히 하나가 되지 못했고, 명문 경복중·경복고에 입학했으나 거기서도 '서울 변두리 출신'이란 자의식 때문에 또다시 겉돌았다. 겉으로는 쾌활하고 떠들썩한 재담꾼이었으나 내면 깊은 곳에서 그는 어딜 가나 '경계인'이었다. 어릿광대처럼 허세를 부릴수록 공허함이 깊어갔다. 그것을 채워준 게 문학이었다. 문학은 꽁꽁 감춰둔 '진짜 나'를 찾을 수 있는 그의 유일한 안식처였고 영혼의 집이었다.
그의 초기 문학이 유랑민, 부랑자, 떠돌이들을 주인공으로 한 것은,

그의 이런 성향과도 무관하지 않을 것이다. 1962년 고교 재학중, 그는 단편 「입석부근」으로 『사상계』 신인문학상을 수상했고, 베트남전에 다녀온 뒤 황석영이란 필명으로 쓴 첫 소설 「탑」이 1970년 조선일보 신춘문예에 당선되며 본격적인 작품활동을 개시했다. 이후 「객지」(1971), 「한씨연대기」(1972), 「삼포 가는 길」(1973) 등을 잇달아 발표했다.

지금까지 용케 죽을 고비를 넘긴 일이 한두 번이 아니시죠. 고교 2학년 때 4·19 시위에 같이 나간 친구 안종길이 총에 맞아 눈앞에서 죽어갔고, 월남전에서도 같은 중대원들 절반이 희생당하기 직전 전보명령을 받아 목숨을 건졌고, 1980년 광주에서 활동하다가 하필이면 서울에 인세 받으러 올라간 사이 5·18이 터져서 체포와 죽음의 위험을 피했습니다. 5·18 당시에 가족들은 모두 광주에 계신 상태였죠?

마침 난 그때 집에 없었고 아이 엄마는 현장에서 모든 걸 겪었죠. 도청을 지키던 사람들 밥도 해먹이고 그들이 죽고 잡혀가는 것도 봤으니까. 아이 엄마와 대화가 깨진 게 그 무렵부터예요. 서울에서 처음 통화가 돼서 "어머니가 계시고 애들이 있는데 주부가 어딜……" 하니까, "당신이 사람이야?" 하면서 흥분하는데 큰 충격을 받았어요. 아, 이거 굉장히 격앙되어 있구나. 일상으로 돌아온 뒤에도 그런 앙금이 계속 이어졌어요.

영웅도 호구도 아닌 민초들의 이야기꾼

생사의 갈림길까지 갔다가 매번 결정적 순간에 위기를 모면한 것은, 시대의 증언자로 남으라는 신의 계시로 여겨질 정도로, 참 기이한 우연입니다.

지금도 어떤 죄책감이 깊게 남아 있는데 매번 같은 스토리의 꿈을 꿔요. 꿈에서 나는 살인자인데, 형사가 따라다녀요. 사무실에 가서 조사도 받고, 매번 조금씩 다르지만 언제나 내가 살인자인 꿈.

자괴감이나 부채감 때문인가요?

왜 살아남아서 이딴 것도 못 하고 바보같이 사나, 뭐 그런 게 있는 거예요. 오에 겐자부로나 르 클레지오는 나더러 "서사가 많은 나라에 태어난 네가 (작가로서) 부럽다"라고 하지만, 그때마다 난 시니컬하게 말해요. "나는 네 자유가 부럽다." 정치적·사회적 압박만 억압이 되는 게 아니라, 역사라는 엄처시하嚴妻侍下, '너는 이걸 반드시 해야 해. 넌 이것만 해' 하고 은연중에 압박하는 것도 자유에 대한 억압이죠. 난 사실 광주를 떠나고 싶었어. 거기서 어떻게 글을 써요? 예술하는 사람은 정치나 조직활동하는 사람들하고 달라서, 그런 역사에 눌리는 것도 억압이 돼요.

언제나 좌중의 흥을 돋우는 국보급 입담꾼이라고 해서 '황구라'라고 불리는 그이지만, 그에게도 쉽게 지울 수 없는 상흔이 깊게 남아 있다. 그가 태어난 이후 분단과 전쟁, 학살과 폭압으로 점철된 역사가, 그에겐 벗어던지고 싶은 짐일 때도 있었다.

금기와 경계를 몸으로 깨뜨리기

현대사의 주요 현장마다 관련되어 있었다는 것도 아이러니지만, 매번 그렇게 데고 다치면서도 또 그 분란의 불구덩이 속으로 뛰어들 수 있었다는 게 더 경이롭습니다. 그런 용기는 어디서 나옵니까?

안기부에서 나한테 그랬어요. "당신, (징역) 7~8년은 살 건데, 뭐 작가한테는 겪는 게 다 피가 되고 살이 되는 찌개백반이라며? 다 글로 쓸 거잖아." 그 말이 맞아요. 다 망해서 밑바닥으로 가도 글 쓰면 되지, 이런 생각이 있는 거예요. 그런 생각에 '노름꾼 새벽 끗발 기다리듯이' 믿고 가는 거예요. (웃음)

사람들은 나이들면 좀 신중해지고 온건해진다는데, 선생님은 어떠세요?

난 뭐 별로…… (웃음) 지금도 나더러 '철딱서니' 없다고들 해요. 나도 인정! (웃음) 난 지금도 젊은 작가들이랑 겨루고 맞짱 뜨고 싶거든. 새로운 형식, 표현 찾아내는 걸로 경쟁하고 싶고.

칠십대 중반이 되셨는데, 시간을 거슬러 삼십대 황석영을 만난다면 무슨 얘길 건네고 싶으세요?

흠…… 똑같은 놈을 만나 뭐라고 하지? 난 별로 안 바뀐 것 같은데. 난 서른두 살에 『장길산』을 쓰고 있었어요. 그러니 뭐 겁대가리가 없지.

(웃음) 다른 삼십대들이랑 좀 달랐을 수 있어요.

삼십대의 황석영은 '겁대가리'가 없었고, 칠십대의 황석영은 '철딱서니'가 없다. 그는 언제나 좌충우돌 부딪치는 모난 돌이었으나 그 덕분에 우리 문학과 삶의 삼엄한 경계가 이완되고 금기가 부서져나갔다. 그의 방북과 망명의 긴 유랑길도 금단을 깨뜨리는 작가적 여정이었을까. 1989년 3월, 황석영은 어머니 등에 업혀 삼팔선을 넘은 지 42년 만에 다시 금단의 경계를 넘어 북한 땅을 밟았다. 한 해 전인 1988년 노태우정부는 '남북동포의 상호교류와 이산가족 상호방문, 남북 간 대결외교 종식' 등을 골자로 하는 7·7선언을 발표했다. 평화공존을 위한 획기적인 조치라고 했지만, 당시 정부는 남북 교류에 있어 정부를 통한 대북창구 단일화를 주장했고 시민사회에서는 더욱 자유롭고 다변화된 민간 차원의 교류와 협력을 주장했다. 황석영이 정부 허가 없이 방북을 결행한 것은 그 시점이었다. 직접 가서 북측과 남북 문화교류를 위한 협의를 하고, "객관적인 북한방문기를 써보고 싶다는 의욕"(앞의 책, 166쪽) 때문이었다고 했다.

당시 방북에 대해서 말이 많았습니다. 같은 해, 진보시민사회를 대표하는 전민련 문익환 목사의 방북이나 전대협 임수경의 방북과는 달리, 조직적 합의에 의하지 않은 개인적 행동, 작가로서의 치기라는 부정적 평가도 있었어요.
일부러 그렇게 소문을 낸 거죠. 1988년 우리가 민예총(한국민족예술인

영웅도 호구도 아닌 민초들의 이야기꾼

총연합)을 조직할 때부터 민간 자주교류에 대한 논의가 있었어요. 누군가 거길 가서 물꼬를 터야 하잖아요. 조직과 별개로 개인으로 움직이겠다고 한 건, 불고지죄(반국가활동을 알면서 신고하지 않는 경우 처벌하는 국가보안법 조항)로 다 걸리게 될까봐 그런 거지.

자발적으로 투옥을 각오하면서까지 북한에 가고 싶었던 개인적 이유가 있습니까?
이번에 자전을 쓰면서 스스로 확인한 건데, 어렸을 때 평양에서 유년 시절을 보냈던 추억이 내겐 있어요. 아버지하고 모란봉 올라가서 미르꾸(캐러멜) 사줘서 맛있게 먹던 기억도 나고.

그게 서너 살 때 일인데 기억이 나세요?
그때 찍은 사진이 있어요. 어머니가 고향 평양에 대해서 늘 하시던 얘기들, 할머니 얘기…… 그런 게 내 속에 강렬하게 남아 있었는데, 1985년에 서독에서 열린 '제3세계문화제'에 아시아 대표로 참가하고 유럽, 미국, 일본을 돌면서 '아, 내가 왜 북한을 못 가나?' 하는 생각이 들었어요. 서구 지식인들은 도무지 이해를 못 하는 거야. '너희들은 북에 대해서 왜 그렇게 두려워하고 터부시하냐?'라면서. 그걸 의아하고 우습게 여기는 게 그들 표정과 말씨에 그대로 드러나요. 작가로서 모멸감이 들었죠.

황석영은 일본에서 한 재일동포로부터 들은 질문을 오래도록 되새겼다. "그럼 당신은 조국의 분단을 그냥 운명이라고 체념하고 살아갈 건가요?" 국가보안법이 무서워서 한계를 그어놓고 활동하고 말하고 글 쓰며 살아온 세월들에 자괴감이 들었다. 한국전쟁 당시 남과 북에서 죽어간 이들, 그 경계의 금기를 깨뜨리다가 갇히고 처형된 이들, 광주에서 죽어간 시민들을 생각하며 그는 마음을 굳혔다.

> 미지의 것 때문에 금기의 억압이 있다면 작가는 자유로워지기 위하여 그것을 위반하고라도 확인해야만 한다. 국경, 장벽, 철조망 너머로 날아오고 날아가는 철새들을 본 적이 있다면 생명의 본성과 사람이 정해놓은 잡다한 규정들이 어떤 의미가 있는지 반문하게 될 것이다.(앞의 책, 275쪽.)

황석영은 방북 후 베를린에 체류하며 자신의 눈으로 직접 보고 체험한 북한 기행문을 썼다. 방북기의 제목은 『사람이 살고 있었네』. 그가 한창 글을 쓰고 있던 1989년 11월, 베를린장벽이 무너지고 동·서독 간의 자유 왕래가 실현되었다. 서베를린과 동베를린의 시민들이 서로 꽃을 주고받으며 만세를 부를 때, 황석영은 찬 가랑비에 흠뻑 젖은 채 뜨거운 눈물을 쏟아냈다.

그러나 한반도 냉전의 장벽은 여전히 견고했다. 1993년, 4년여의 망명생활을 접고 자진 입국한 황석영은 곧바로 체포되어 수감되었다. 수인번호 83번. 그는 7년형을 받고 복역하다가 5년 만인 1998년, 김

　　　　　영웅도 호구도 아닌 민초들의 이야기꾼

대중 대통령의 특별사면으로 석방되었다.

정상적인 집필을 할 수 없는 감옥생활 5년은 작가에겐 치명적인 형벌입니다. 후회하지 않으세요? 선생님의 방북과 망명생활을 소영웅주의적인 행동이라고 말하는 이들도 있습니다.

소영웅주의를 점잖게 얘기해서 '메시아주의'라고 하기도 해요. (웃음) 제가 세상을 바꿀 수 있다거나 저로 인해서 사람들이 달라질 수 있다고 믿는 메시아주의. 내 안에 그런 요소가 있어요. 내 소설이나 행동이 남에게 영향을 줄 수 있다고 믿는 허영심이.

스스로 메시아주의라고 얘기하는 건 좀 위악적으로 들리는데요.

아니 뭐, 그건 분명해요. 나한테 그런 허영이 있다는 거. 내가 2009년에 이명박 대통령과 중앙아시아 간 것도, 남북관계에 뭔가 획기적인 변화를 일으키는 촉매제 역할을 하고 싶단 욕심이 있었던 거예요.

지금도 '황석영' 이름을 검색하면 연관검색어로 '변절'이란 단어가……

그것 때문에 욕을 와장창 먹고 지금도 그런 꼬리표가 따라다녀요.

그때 왜 그러셨어요?

2009년이 내가 방북한 지 20주년 되는 해였어요. 근데 돌아보니, 방북 당시 관계자들, 문익환, 윤이상, 김일성…… 다 사망한 거야. 나 혼자 살아남았어. 그러니 내가 뭐라도 뒷마무리를 해야 하지 않나 싶었지요. 2008년에 MB정권이 들어섰는데 광우병 사태 겪고 나서 (지지를 만회하기 위해) 자기들도 뭔가 해야 될 거 아냐. 그래서 정권 초창기에 강력하게 남북관계 개선을 하고 싶어했어요. 근데 위기가 온 게 금강산에서 우리 관광객이 총격으로 죽는 사고가 났잖아요. 그 사건으로 남북관계가 완전히 닫혀버렸거든. 그냥 두면 이런 경색 국면이 계속 가겠다 싶어서 걱정스럽던 차에, 김대중정부 때부터 몽골이 제안해온 게 생각난 거예요.

몽골의 제안이요?
북한 노동력하고 남한의 자본과 기술로 동몽골을 개발해달라는 거였어요. 동몽골이 우리 한반도 전체의 1.8배 되는 넓이인데 거기 3만 명이 살아요. "남북문제를 정치·군사적으로 풀려고 하지 말고 경제·문화적으로 풀자. 그럼 그게 통일의 1단계가 되지 않겠나." 그런 얘기를 술자리에서 했더니 그걸 듣던 김용태나 성유보, 최열, 조성우 같은 이들이 나더러 그걸 MB한테 직접 제안해보라는 거야. 그래서 제안서를 써서 보냈지. MB가 당장 만나자고 하더니, 그거 자기가 서울시장 때부터 꿈꿔온 거라고 자기가 하겠다는 거예요.

그게 '알타이연합' 프로젝트죠. 근데 왜 성사가 안 되었죠?
2010년 8월에 몽골 울란바토르에서 초원문화제를 열고 '알타이문화

영웅도 호구도 아닌 민초들의 이야기꾼

경제연대'를 발족하기로 했는데 그해 2월에 갑자기 청와대에서 날 보자더니 초원문화제에서 북한을 빼라는 거예요. "그럼 이거 왜 시작했냐? 그럴 거면 난 빠지겠다" 그랬죠. 그러다 3월에 천안함 사건이 딱 터졌어요. 우연의 일치인지는 몰라도, 마치 예정되어 있던 것처럼. 그러곤 완전히 없던 얘기가 된 거야.

당시 유라시아 특임대사로 내정되셨다는 기사도 나왔는데.
그거 거짓말이에요. 유라시아 특임대사라는 직책이 없을 뿐만 아니라 그런 제안을 받은 적도 없고 들은 적도 없어요.

이런 얘기들은 이번 자전에서 빠져 있던데, 아직 마음 정리가 덜 되어서인가요?
방북 20주년을 그냥 넘길 수 없다는 개인적 조급성으로 너무 성급히 이명박정부를 믿었다는 게 내 불찰이고, 정치적으로도 큰 과오였다, 이렇게 정리를 하고 있어요. 그러나 나로선 억울하지. (웃음)

이번 자전에서는 1998년 출소할 때까지, 20년 전까지의 상황만 다뤘어요. 언젠가 『수인』에서 못다 한 이야기를 증보해서 다시 낼 기회가 생긴다면 꼭 덧붙이고 싶은 얘기가 있나요?
아유, 난 지나간 작품을 돌아본 적이 없어요. 한번 지나고 나면 그냥 저 뒤에 머물러 있는 거야. 최인훈 같은 사람은 『광장』을 수십 번 고쳐썼다고 하고, 조세희나 황순원 선생도 평생 자기 작품을 고쳤다는데 난 그럴 생각이 없어요. 당시 시간대에 그냥 놔두는 게 좋다고 생각해요.

문학은 동시대 사람들과 교감하는 몸의 노동

좋은 글을 쓰는 방법이 뭐냐는 질문을 받으실 때마다 "글은 궁둥이로 쓴다"라고 답하시던데 (웃음) 그게 아무나 궁둥이 깔고 앉아 있다고 되는 겁니까?
사람들이 그 말을 잘못 알아듣는데, 제 얘긴 문학을 신비화하지 말란 거예요. 문학을 천형天刑에 빗대어 신비화하고 작가를 하늘에서 뚝 떨어진 존재처럼 얘기하는 거 딱 질색입니다. 글쓰기는 노동이에요. 일정 시간을 노동에 바치지 않으면 못 쓰는 거예요. 삼류영화 보면 작가가 글 쓰면서 막 (원고지 구겨서 던지는 흉내내며) 피투성이가 되잖아요. 화가들은 베레모 쓰고 그림 그리다 (캔버스에 ×자 긋는 흉내) 찍찍 긋고 찢어버리고…… 실제론 그렇지 않다는 거죠. 노동을 해도 한 20년 하면 달인이 된다는데, 글은 50년 이상 써도 달인이 안 되는 것 같아. 그냥 수수하게 앉아서 코딱지도 후비고 배꼽 까고 앉아서 짜장면도 먹고, 그러다가 안 풀리면 새벽에 슬슬 걸어나가서 24시간 국밥집 같은 데 가서 소주 반병쯤 먹고 들어와요. 자고 일어나면 막혔던 게 풀리기도 하고 내가 괜히 엄살 부렸나 싶기도 하고.

영웅도 호구도 아닌 민초들의 이야기꾼

일반인들이 생업에 종사할 때처럼 문학도 몸으로 하는 노동이다?

그럼요. 그래야 동시대 사람들하고 교감할 수 있죠. 사람들이 출근해서 하는 여러 잡다한 노동보다 내가 그렇게 특별히 뛰어난 일을 하는 게 아니라는 거예요.

작품에 임할 때 그는 건실한 샐러리맨처럼 일상을 관리한다. 일은 보통 남들 다 자는 밤 10시경에 시작하는데 가장 집중력이 높아지는 시간대는 새벽 2시부터 4시 사이. 자고 일어나서는 야채즙과 낫토로 간단히 요기하고, 약속이 없는 날엔 보통 저녁 한 끼만 한다. 황석영에게 문학은 고독한 천재들의 밀실 작업이 아니라, 달고 쓰고 짜고 매운 일상 속에서 세상 사람들과 함께 공유하는 삶의 흔적이다. 엄살 부리지 않고 유난 떨지도 않으면서, 흔들리는 세파 속에서 수걱수걱 자기 삶을 꾸려나가는 보통 사람들의 남루하지만 절실한 뜨거움을 담아내는 일.

이번 책에서 선생님 일대기가 아주 세밀하게 묘사되었는데, 유난히 뚝뚝 끊기는 느낌이 드는 대목이 있어요. 가족사와 관련된 부분에서 생략이 많았던 것 같아요.

그게…… 내가 상실한 부분입니다.

인터뷰 시작하고 처음으로 그가 짧게 답했다. 유별나게 자신을 편애

황석영

했던 어머니의 임종을 지키지 못한 회한, 두 번의 파경 뒤에 현재의 아내를 만나기까지의 우여곡절, 세 아이의 성장과정을 온전히 함께하지 못한 아버지로서의 자책감이 그의 쓸쓸한 침묵 위로 배어나왔다.

이번 자전을 통해서 선생님 개인사의 부침과 그때 쓴 작품을 연결해볼 수 있었던 것도 흥미로웠습니다. 내면적인 방황이 극에 달해서 자살 시도까지 하다가 등단작인 「입석 부근」을 탈고했고, 월남전 트라우마에 시달리다가 「탑」을 쓰고, 긴 징역살이 후유증을 겪다가 『오래된 정원』을 쓰셨지요. 남들은 안 써져서 죽고 싶다고 하는데, (웃음) 선생님은 죽고 싶을 만큼 괴로울 때마다 명작을 남기셨어요.

잘 보셨네요. (웃음) 난 글쓰기를 통해서 자기 치유를 하고 극복을 하는 거 같아요. 내가 문학지상주의자도 아니면서 문학을 (내가 돌아갈) 집으로 삼았던 건 바로 그런 점 때문이에요. 글을 쓰면 제가 달라져요. 글을 쓰면서 자기 치유도 되고 나 자신이 한 단계 업그레이드되는 거 같아요.

우여곡절이 많은 인생이셨지만 그래도 선생님을 부러워하는 사람이 많을 거예요.

누가, 나를?

예. (웃음) 어떤 의미에선, 평생 하고 싶은 거 다 해보고, 하고 싶은 말 다 해

보고, 가고 싶은 데 다 가보고, 그렇게 사신 분 아닌가요? 그래도 여전히 못 다 이뤄서 아쉬운 게 있으세요?

음…… 없습니다. 난 운이 좋은 사람이었고 사람들 사랑을 많이 받았으니까. 내가 그걸 전혀 의식하지 못 하다가 이번에 자전을 쓰면서 알았어요. 그리고 얼마나 철딱서니 없나, 생각도 들고. 남들이 나한테 준 관심이나 도움, 지원 이런 걸 난 까맣게 잊어버리고 있었던 거야. 옛날 자료들 뒤져보고 옛날 생각하다보니까 하나하나 기억이 나는 거죠. 그런 면에서 굉장히 후회스러워요. 아, 나도 좀 주고받고 했으면 좋았을걸. 재승박덕才勝薄德이라고 그러나? 그걸 아주 통절하게 느끼고 있어요.

황석영은 흠결이 적지 않다. 그러나 투명하다. 그는 때로 경솔하고 성급하고 자기중심적이었으나 위선으로 가리기보다 스스럼없이 허물을 드러내고 욕을 먹었다. 그는 고고한 지사나 과묵한 협객은 아니었으나, 늘 우리와 함께 있었다. 도포 자락 휘날리며 점잖은 유생들이 말 타고 지나간 자리, 뿌옇게 이는 흙먼지 속에서 이쑤시개 물고 나타나 좌판을 기웃거리는 동네 감초처럼. 황석영만큼 평생을 지치지 않고 끈질기게, 구질구질한 삶의 현장에 밀착해서, 영웅도 호구도 아닌 민초들의 인생 가닥가닥을 치밀하게 사랑한 사람도 다시 없을 것이다.

황석영

소설가. 1943년 만주 장춘에서 출생, 해방과 함께 귀국해 평양에 살다가 만 네 살 때 삼팔선을 넘었다. 4·19 때 친구를 총탄에 잃고, 6·3시위로 유치장에 끌려가고, 청룡부대 2진으로 월남전에 참전하고 돌아와, 유신 반대와 민중 문화운동을 이끌다가 5·18을 맞았다. 1989년 금단의 땅 북한을 방문하고 독일에 망명해 베를린장벽 붕괴와 사회주의권 몰락을 목도했다. 1993년부터 5년간의 감옥생활을 마치고 석방된 뒤 지금까지 거의 매해 새 작품을 발표했다. 때로 "역사라는 엄처시하에서 자유롭고 싶었"지만, "삶과 문학을 일치시키는 작가가 되겠다"라는 꿈을 버리지 않았다는 그에게 문학이란 무엇이고 인생이란 무엇일까?

열두
번째 · 순
간

정답은 없다,
무수한 해답이 있을 뿐

채현국

사람들은 '옳다, 그르다'를 따지는 게 생각인 줄 알아요.
그걸 생각이라고 훈련시키니까.
생각은 그런 게 아녜요.
생각은 저항하고 거부하는 거예요.
'그게 아닐 텐데……' 하면서 모든 진리에 대해 회의하는 것.
그게 진짜로 생각하는 거라고요.

새해가 밝는다고 호들갑을 떨 기분이 아니었다. 의례적인 새해인사를 건네는 것조차 민망할 지경이었다. "무슨 복 받을 일이 있겠어?" 인사를 받는 쪽에서도 시큰둥하게 답했다. 깊은 우울과 무력감 속에서 2014년 새해를 맞이했다. 시곗바늘이 오래된 과거를 향해 역주행하고, 역사의 무대에서 퇴장했던 인물들이 좀비처럼 되살아나 활개쳤다. 유신헌법을 기초한 김기춘을 필두로 구시대 '올드보이'들이 정부직에 중용되었고 거리에선 극우단체 노인들이 '종북 척결'을 외치며 가스통에 불을 붙였다. 그들과 대면하는 매일이 고역이었다. 손도 안 댄 신문을 며칠씩 쌓아두었다가 고스란히 폐지함으로 옮겨넣곤 했다. 매일 아침 조간신문을 펼치는 게 판도라의 상자를 여는 것만큼 불길한 나날들, 불빛도 없이 끝이 보이지 않는 터널…… 박근혜정부가 들어서고 1년도 채 안 되었는데, 수렁에 빠진 것처럼 절망의 밑바닥은 깊었다.

어른을 만나고 싶었다. 예전엔 새해 첫날 신문에, 그 시대 존경받는 어른들의 특별 칼럼이 실리곤 했다. "희망을 버리지 말라"라거나 "이웃과 함께하라"라거나 덕담이든 격려든, 지친 어깨를 보듬고 등을 두드려주는 이야기들이었다. 그런 원로들을 몇 년 새 많이 잃었다. 김수

환 추기경과 법정스님, 김대중, 노무현 대통령, 리영희, 이돈명, 박경리와 박완서, 그리고 아직 가실 때가 아니었던 김근태 선생까지……
그분들 모두 이제 우리 곁에 안 계시단 생각이 드는 순간, 겨울 벌판에 버려진 고아가 된 기분이었다. 그 존재만으로 가슴이 그득해지는 어른을 만나기가 이렇게 어려운가. 격동의 시대에 휘둘리지 않고 세속의 욕망에 영혼을 팔지 않은 어른이라면 따끔한 회초리든 날 선 질책이든 달게 받을 수 있을 것 같았다. 내가 '채현국'이란 이름을 처음 접한 건 그 무렵이었다. 한겨레신문에 실린 안도현 선생의 짧은 칼럼 덕분이었다.

> 서울대 철학과 졸업 후 끼 많은 청년은 탄광을 하던 부친 채기엽의 사업을 이어받기 위해 현장에 뛰어든다. 언론인 임재경 선생의 회고에 따르면, 기자나 문인과 같은 지식인들에게 술과 밥을 먹이고 심지어 집을 사주는 일도 여러 차례 있었다고 한다. 민주화운동이 한창이던 시기에는 쫓기는 이들을 감싸고 뒤를 돌봐주는 일을 자청했다. (「안도현의 발견」, '채현국 편' 중에서, 2013. 12. 17.)

'채현국'이란 이름을 넣고 정보를 찾기 시작했다. 몇몇 개인 블로그에 단편적으로 언급된 걸 제외하곤 그 이름과 관련된 책도, 뉴스도 없었다. 심지어 그가 이사장을 한다는 학교 홈페이지에도 으레 있을 법한 이사장 인사말 같은 건 없었다. 조각조각 모아붙인 채현국에 대한 정보는, 파편적인 일화와 지인들의 회고담뿐이었다.

> 출생연도 미상. 대구 사람. 서울대 철학과 졸. 부친인 채기엽과 함께 강원도
> 삼척시 도계에서 흥국탄광을 운영하며 한때 "개인소득세 납부액이 전국에
> 서 열 손가락 안에 들 정도로" 거부였던 그는 유신 시절 쫓기고 핍박받는
> 민주화 인사들의 마지막 보루였다고 전한다. 『창작과비평』의 운영비가 바
> 닥날 때마다 뒤를 봐준 후원자였다고도 하고, 셋방살이하는 해직기자들에
> 게 집을 사준 "파격의 인간"이란 소문도 있다. 김지하, 황석영 등 유신 시절
> 수배자들에게 은신처를 제공하고 여러 민주화운동 인사들과 환경운동단체
> 에 거액을 희사한, 드러나지 않은 운동가. 지금은 경남 양산에서 개운중, 효
> 암고를 운영하는 학원 이사장이지만 대개는 작업복 차림으로 학교 정원 일
> 이나 하고 있어 학생들도 그를 알아보지 못한다는 일화가 전해진다. ('열림'
> 취재노트 중에서, 2013. 12.)

한사코 인터뷰를 거부하던 채현국 선생을 2013년 12월 서울 조계사
찻집에서 어렵사리 대면했다. "인터뷰를 안 해도 좋으니 얼굴이라도
뵙게 해달라"라는 내 거듭된 요청을 거절하기 난감하셨던 모양이다.
검은 베레모에 수수한 옷차림, 등에 멘 배낭은 책이 가득 들어 묵직
했다. 노구의 채현국은 자식뻘인 내게 허리를 굽혀 인사를 하고 깍듯
한 존대를 썼다.

정답은 없다, 무수한 해답이 있을 뿐

뵙게 돼서 반갑습니다. 왜 그렇게 인터뷰를 마다하세요?

내가 탄광을 한 사람인데…… 사람들이 많이 다치고 죽었어요. 난 칭찬받는 일이나 이름나는 일에 끼면 안 됩니다. 사람을 죽고 다치게 하면서 산 사람이 무슨 염치로……

불가항력적인 사고 아닙니까?

결국은 내 책임이죠. 자연재해도 아니고……

산재가 일어났다고 기업주가 평생 책임져야 하면, 대한민국에 얼굴 들고 다닐 사업가 없게요?

그 일에 종사한 책임자들이 책임져야죠. 탐욕 때문에 생산을 많이 하느라고 일어난 일이에요. 세계적으로 (석탄) 10만 톤당 한 명(산재사망자 수)일 때, 우린 7만 톤당 한 명, 5만 톤당 한 명, 이랬으니까.

채현국은 열일곱 살 때 서울에서 연탄공장을 하던 부친의 일을 돕기 시작했고 서울대 철학과를 졸업한 뒤 강원도 도계의 채굴현장에 내려가 20년간 탄광을 운영했다. 석탄산업 호황기인 1973년, 그가 잘나가던 흥국탄광을 정리한 이유는 알려지지 않았다.

젊어서는 큰 기업가였고 현재 학원 이사장인데, 어르신 팔십 평생에 대한 기록이 거의 없어요. 평전이나 자전 에세이 같은 것도 없고.

절대 쓰지 않을 거예요. 주변 사람들한테도 부탁했어요. 쓰다보면 좋게 쓸 거 아니에요. 그거 뻔뻔한 일이에요. 난 칭찬받으면 안 되는 사람인데.

죄송하지만 연세도 잘 모르겠어요. 몇 년도 생이신지요?
호적에는 1937년생으로 되어 있지만 실제로는 35년생이에요.

남재희 전 노동부 장관이 쓴 글에 보면 "채현국은 거리의 철학자, 당대의 기인, 살아 있는 천상병"이라는 대목이 있어요.
하하하…… '거지'란 소리지.

서울대 동문들 사이에서도 천재로 소문나셨던데요.
천재는 무슨? 어려서 학교 공부를 제대로 못했어요. 학교를 열한 군데나 옮겨다니느라고. 밤낮 꼴찌였지 뭐. (웃음) 초등학교 3학년 여름방학이 될 때까지 한글도 몰랐어요. 근데 공부 못하는 게 오히려 득이 되기도 해요. 뜻도 모르고 읽지도 못하는 것에 눈을 안 떼고 계속 보는 습관이 생겼거든요. 어떻게든 따라잡으려니까 글자도 모르면서 책을 보고 있었던 거죠.

글자를 모르면서 어떻게 책을 봐요?
계속 보다보면 같은 단어가 나오니까, 그냥 건너뛰지 않고 계속 보면

정답은 없다, 무수한 해답이 있을 뿐

구절구절이 묶이고, 그럼 나중에 뜻이 통해요.

독학으로 외국어도 하셨어요?
이제 다 잊어버렸어요. 한때는 독어, 불어, 영어, 일어, 희랍어, 러시아어를 했고, 중국말은 못하는데 중국책은 읽죠.

천재 맞네요. (웃음)
아버님이 오랫동안 집을 비우고 연락도 안 닿아서, 내가 공부를 못하면 돈 벌러 나가야 하는 형편이었어요. 그렇게 안 하려고 악착같이 매달린 거지, 공부를 잘한 건 아녜요. 시험만 잘 본 거지.

어쨌든 일반적인 모범생은 아니신 것 같아요. (웃음)
근데 시험을 잘 치니까 내가 모범생으로 취급되고, "저러다 언젠간 출세할 거야" 하는 사람들도 있었는데. 10여 년 전부터 내게 성을 내는 친구들이 생겼어요. "이 새끼, 출세하고 권력 가질 줄 알았는데 속았다" 하면서…… (웃음)

출세는 안 하신 거예요, 못 하신 거예요?
권력하고 돈이란 게 다 마약이에요. 지식도 그래. 지식은 아무 문제가 없는 것처럼 생각하는데, 지식이 많으면 돈하고 권력을 만들어내잖아요.

돈 쓰는 재미보다 돈 버는 재미가 더 무섭다

자세한 얘기를 듣고 싶었다. 채현국 선생과의 인터뷰는 긴 실랑이 끝에 몇 가지 약속을 전제로 성사되었다. "절대로 자선사업가, 독지가라는 표현을 쓰지 말 것" "미화하지 않을 것" "누구를 도왔다는 얘기는 하지 말 것."

도움 받은 사람들이 있는데 왜 도운 사실을 숨기세요?
난 도운 적 없어요. 도움이란, 남의 일을 할 때 쓰는 말이죠. 난 내 몫의, 내 일을 한 거예요. 누가 내 도움을 받았다고 말하는지는 몰라도 나까지 그렇게 생각하면 안 될 일이죠.

왜 안 돼요?
그게 내가 썩는 길이거든. 내 일인데 자기 일 아닌 걸 남 위해 했다고 하면, 위선이 되죠.

한때 소득세 10위 안에 드는 거부였다고 들었는데 지금은 어떠신가요?
난 여섯 번 부자 되고 일곱 번 거지 된 사람이에요. 지금은 일곱번짼데 돈 없는 부자죠. (웃음) 돈은 없지만 학교 이사장이니까. 개인적으론 가진 게 없어요. 보증 불이행으로 지금도 신용불량자고요.

정답은 없다. 무수한 해답이 있을 뿐

탄광업에선 완전히 손떼셨어요?

1973년도에 탄광 정리해서 종업원들한테 다 분배하고 내가 가진 건 없어요.

분배했다는 게 무슨 말씀이죠?

광부들한테 장학금 주기 시작해서 그 자식들 장학금 주다가 병원 차려서 무료 진료하다가…… 마지막에 손 털 때는 광부들이 이후 10년씩 더 일한다 치고 미리 퇴직금을 앞당겨 계산해서 나눠줬어요.

1973년이면 오일쇼크로 탄광업이 황금알을 낳는 거위였을 땐데 왜 사업을 정리하셨어요?

경기 좋을 때였죠. 그런데 1972년도에 국회 해산되고 유신이 선포되었어요. 곰곰이 생각하다 '이제 더이상 탄광 할 이유가 없겠다' 결론 내렸죠. 내가 정치인은 아니지만, 군사독재 무너뜨리고 인간이 인간답게 살도록 해야 한다는 생각으로 사업을 해온 건데……

그럴수록 돈을 벌어서 민주화운동을 지원해야 하는 것 아닙니까?

사업을 해보니까 돈 버는 게 정말 위험한 일이더라고요. 사람들이 잘 모르는 게 있는데, '돈 쓰는 재미'보다 몇천 배 더 강한 게 '돈 버는 재미'예요. 돈 버는 일을 하다보면 어떻게 하면 돈이 더 벌릴지 자꾸 보이거든요. 그 매력이 어찌나 강한지, 아무도 거기서 빠져나올 수가 없어요. 어떤 이유로든 사업을 하게 되면 자꾸 끌려들어가는 거죠. 정의고 나발이고, 삶의 목적도 다 부수적이 되어버려요.

돈 버는 일에 중독이 된다고요?

'중독'이라고 하면, 나쁜 거라는 의식이라도 있죠. 이건 중독도 아니고 그냥 '신앙'이 돼요. 돈 버는 게 신앙이 되고 권력과 명예가 신앙이 되죠. 그래서 '아, 나는 더이상 깜냥이 안 되니, 더 휘말리기 전에 그만둬야겠다'고 생각했어요.

부친이신 채기엽 선생도 중국에서 크게 사업을 일으켜서 독립운동가들에게 재정적인 도움을 주신 걸로 알고 있습니다. 큰돈을 만지면서 돈에 초연한 태도는 부친한테서 배우신 건가요?

우리 아버님도 일제 치하 왜곡된 시대를 살았기 때문에 성공 자체를 그리 자랑스럽게 여기지 않으셨어요. 부끄러운 시절에 잘산 것이 자랑일 수 없다는 걸 잘 아는 분이셨죠. 아버지가 과거 얘기를 나한테 하신 적이 없어서, 내가 아는 것도 다 남한테 드문드문 들은 거예요.

아버님의 가르침 중에 특별히 기억나는 말씀이 있나요?

늘 가까이 못 살고 떨어져 지낸 시간이 많아서, 따로 뭘 말로 가르쳐 주시거나 한 건 없어요.

정답은 없다, 무수한 해답이 있을 뿐

근데 돈이나 성공에 대한 아버님의 가치관 같은 건 어떻게 배우신 거예요?

살면서 배운 거죠. 우리 아버지는 자식한테 특별히 뭘 가르치려고 들지 않으셨어요. 자기 스스로 깨닫게 놔두지. 가까운 사이에서는 입으로 가르치는 게 아니라 실천을 통해서, 삶을 통해서 배우게 하는 거예요. 그게 역사적으로 우리의 오랜 관습이죠.

대구 부농의 아들로 태어난 부친 채기엽은 교남학원(대구의 민족교육기관) 1기 졸업생으로, 시인 이상화 집안과 교분이 깊었다. 이상화의 백형인 이상정 장군이 중국에서 독립운동을 한다는 걸 알고 상하이까지 갔으나 만나지 못했다. 이후 중국에 잔류해서 사업을 시작했는데 트럭운송업, 제사공장, 위스키공장을 하며 손대는 일마다 크게 성공했다. '독립운동가들을 먹이고 재우고 돈 대준 대인'으로 알려져 있으나 그도 1946년 귀국할 때는 빈손이었다.

일제하 지식인 중에 사회주의자가 많았는데 아버님도 그런 분이셨나요?

아주 자유로운 분이셨어요. 사상이나 이념 그런 거에 구애받지 않고 '사람'을 좋아하셨죠. 아버님도 나도, 지식이나 사상은 믿지 않아요.

서울대 철학과까지 나오신 분이 지식을 믿지 않는다고요?

지식을 가지면 '잘못된 옳은 소리'를 하기가 쉽거든요. 사람들은 '잘못 알고 있는 것'만 고정관념이라고 생각하는데 '확실하게 아는 것'도 고정관념입니다. 세상에 '정답'이란 건 없어요. 한 가지 문제에는 무수한 '해답'이 있을 뿐, 평생 그 해답을 찾기도 힘든데, 나만 옳고 나머지는 다 틀린 '정답'이라니…… 이건 군사독재가 만든 악습이에요. 박정희 이전엔 '정답'이란 말을 안 썼어요. 해답이란 말만 있었죠. 모든 '옳다'라는 소리에는 반드시 잘못이 있어요.

반드시?
반드시! 햇빛이 있으면 그늘이 있듯이, 모든 '옳은 소리'에는 반드시 오류가 있는 법이에요.

이기면 썩는다

부친이 큰 사업가였지만 채현국은 부잣집 도련님으로 자라지 못했다. 아버지의 사업은 부침이 심했고 아예 아버지와 연락이 끊긴 채 몇 년씩 지내는 일도 비일비재했던 터라, 어머니가 삯바느질로 생계를 꾸려야 했다. 채현국에겐 서울대 상대에 다니던 열 살 위 형이 있었는데 휴전되던 날, 자살로 생을 마감했다. 유서도 남기지 않았다. "이제 우린 영구분단이다. 잘 살아라……" 한마디뿐이었다.
장남을 허망하게 잃은 아버지는 집을 나가 다시 종적을 감췄다. 한참 뒤 기별이 왔을 때에야 아버지가 도계에서 광산 일을 시작했다는

정답은 없다, 무수한 해답이 있을 뿐

걸 알았다. 형의 죽음으로 채현국은 열일곱 살에 집안의 11대 독자가 되었다. 아버지가 벌여놓은 서울 종로의 연탄공장을 지키며 노동자들과 같이 연탄을 날랐고, 여름철엔 연탄 리어카에 아이스크림을 싣고 다니며 팔았다. 그 와중에도 채현국은 손에서 책을 놓지 않았다. 1956년 그는 서울대 철학과에 입학했다.

서울대에 입학해서 연극반활동을 하셨다고 들었어요.
한 게 아니라 만든 거예요. 그때 이순재가 철학과 3학년이고 내가 1학년이었는데 순재더러 "우리 연극반 하나 만들래?" 해서 시작했죠.

이순재씨가 선배라면서 왜 반말을 쓰세요?
나이로는 순재가 나보다 한 살 많은데, 내가 중학 때부터 후배한테는 예대禮待하고 선배한테는 반말했어요. 나보다 나이 많은 선배를 만나면 '나랑 친구 할래, 선배 할래?' 물어보고 '친구 한다'고 하면 바로 반말로 대했죠. (웃음) 후배한테 반말하는 건 왜놈 습관이라, 그게 싫어서 난 후배한테 반말하지 않아요.

후배한테 반말하는 게 일본 풍습이라고요? 그럼 조선 풍습은 달라요?
퇴계는 스물여섯 살 어린 기대승이랑 논쟁 벌이면서도 반말하지 않았어요. 우리 풍습에는 형제끼리도 아우한테 '~허게'를 쓰지, '얘, 쟤……' 하면서 반말은 쓰지 않아요. 하대下待는 일본 사람 습관이에요.

어쨌든 사업하는 집안 자제로 서울대까지 갔는데 왜 연극할 생각을 하셨어요?

교육의 가장 대중적인 형태가 연극이라고 생각했어요. 글자를 몰라도 지식이 없어도, 감정적인 형태로 전달이 되잖아요. 지금도 난, 요즘 청년들이 케이팝으로 한류를 일으키는 거 엄청난 '대중혁명'이라고 봐요. 시시한 일상, 찰나 찰나가 예술로 승화되고…… 아주 멋진 일이죠.

1961년 대학 졸업 후 채현국은 중앙방송(KBS의 전신) 공채 1기 연출자로 입사했다. 그러나 박정희를 우상화하는 드라마를 만들라는 지시가 내려오자, 입사 석 달 만에 미련 없이 사표를 던졌다. 그 무렵 아버지가 운영하던 흥국탄광은 부도 위기를 맞고 있었다. 여기저기 전화를 돌려 연 360퍼센트의 사채를 사서 간신히 위기를 막고, 1962년부터 본격적으로 탄광사업에 뛰어들었다.

그렇게 고생해서 일군 탄광인데, 일거에 정리해버린 거 아깝지 않으셨어요?

아깝지 않아요. 전혀 안 아까워.

돈 싫다는 사람이 어딨어요?

돈은 필요한 거지 좋은 게 아녜요. 권력도 필요한 거지 좋은 건 아니고요. 권력 가지고 뭘 하겠다, 돈 가지고 뭘 하겠다, 하는 건 뭘 모르고 하는 소리예요. 다 헛소리지요.

정답은 없다, 무수한 해답이 있을 뿐

기업을 제대로 키워서 돈을 벌어 좋은 일에 쓰겠다는 사람도 많은데요.

그거 전부 거짓말이에요. 꼭 돈을 벌어야 좋은 일 합니까? 그건 핑계죠. 돈을 가지려면 그걸 가지기 위해 그만큼 한 짓이 있어요. 남 줄 거 덜 주고 돈 모으는 것 아니에요?

기업가가 자기 개인 재산을 출연해서 공익재단을 만드는 경우도 있지 않습니까?

(격앙된 목소리로) 자기 개인 재산이란 게 어딨습니까? 다 이 세상 거지. 공산당을 말하는 게 아닙니다. 재산은 세상 거예요. 이 세상 것을 내가 잠시 맡아서 관리하는 것뿐이지. 그럼 세상과 나눠야죠. 그건 자식한테 물려줄 게 아니에요. 애초부터 내 것이 아닌데, 재단은 무슨…… 더 잘 쓰는 사람한테 그냥 주면 됩니다.

그렇게 두루 사회운동가들에게 나눠주셨지만, 개중에는 과거 민주화 경력을 입신과 출세의 발판으로 삼는 이도 있었고, 아예 돌아서서 배신을 하는 경우도 있었는데도요?

돈이란 게 마술이니까…… 돈이 그 사람에게 힘이 될지 해코지가 될지, 사람을 훼절시키고 굴복시키고 게으르게 만드는 건 아닐지 늘 두려웠어요. 그런데 사람이란…… 원래 그런 거예요. 비겁한 게 '예사', 흔히 있는, 보통의 일이에요. 감옥을 가는 것도 예사롭게, 사람이 비겁해지는 것도 예사롭게 받아들여야 해요.

그래도 최소한의, 삶의 원칙 같은 게 있지 않습니까?

삶에는 원칙이 없어요. 우리가 원칙을 이룩해가는 거예요. 시대마다
최선을 다해서 원칙을 형성해가는 과정에 있는 거지, 어느 역사에도
주어져 있는 원칙 같은 건 없어요. 강제로 원칙을 만들어놓고 원칙을
벗어났다고 비난하는 건 독재적 사고방식이에요. 이건 내가 지어낸
말이 아니라 사마천이 한 얘기예요.

**과거에 민주주의를 외쳤던 사람들이 권력을 잡은 뒤 180도 달라지는 모습
도 많이 봤습니다. 자신이 한 말을 스스로 배신하는…… 이건 원칙 이전에
인간에 대한 예의의 문제 아닙니까?**

모든 건 이기면 썩어요. 예외는 없다고요. 돈이나 권력은 마술 같아서,
아무리 작은 거라도 자기가 휘두르기 시작하면 썩어요. 아비들이 처
음부터 썩은 놈은 아니었어요. 그놈들도 예전엔 아들이었는데 아비
되고 난 다음에 썩은 거라고……

노인들을 봐주지 마라

그럼 어떻게 해야 합니까? 어디서 희망을 찾아야 합니까?

시시하게 사는 사람들, 적은 월급으로도 이웃하고 행복하게 살려는
사람들이죠. 세상엔 장의사적인 직업과 산파적인 직업이 있습니다.

정답은 없다, 무수한 해답이 있을 뿐

갈등이 필요한 세력, 모순이 있어야만 살 수 있는 세력이 장의사적인 직업인데, 판검사·변호사들은 범죄가 있어야 먹고사는 직업, 남의 불행이 있어야 성립하는 직업들이죠. 그중에서도 제일 고약한 게, 갈등이 있어야 설 자리가 생기는 정치가들입니다. 이념이고 뭐고 중요하지 않아요. 남의 사이가 나빠져야만 말발 서고 화목하면 못 견디는…… 난 그걸 장의사적인 직업이라고 봐요. 장의사들에게는 죄송하지만, 실제 장의사는 산파적인 직업인데……

산파적인 직업은 뭔데요?
시시한 사람들이죠. 월급 적게 받으며 일하는 사람들. 그러면서도 이웃하고 잘 사는 사람들.

요즘 극우집회에서 활개치는 '가스통 할배'들도 '시시하고' 평범한 노인인 경우가 많습니다.
갈등을 먹고사는 장의사적인 사람들이 노인네들을 갈등에 끌어들여서 이용하는 거예요. 아무리 젊어서 날렸어도 늙고 정신력 약해지면 심심한 노인네에 지나지 않아요. 그 심심한 노인네들을 뭔 힘이라도 있는 것처럼 부추겨 이용하는 거예요. 우리(세대)가 원래 좀 부실했던 데다가 그렇게 이용을 당하니까…… 근데 사실 부실할 수밖에 없어요. 일제 때 교육받고 그후 살아온 꼬라지가…… 비겁해야만 목숨을 지킬 수 있었고 야비하게 남의 사정 안 돌봐야만 편하게 살았는데. 이 부실한 사람들, 늙어서 정신력도 시원찮은 이들을 갈등 속에 집어넣고 이용해먹으려고 하니 저 꼴이 나는 겁니다.

극우적인 노인들의 과격 행동을 누군가에게 이용당하는 것이라고만 해석할 수 있을까요? 진짜 내키지 않으면……
그런 일이 내켜서라기보다, 그냥 한번 끼어보고 싶은 거예요. 자기도 무슨 발언권이 있는 것 같고, 아직 생생하고 젊은 것 같고, 살아 있는 것 같고…… 그런 심리를 이용하는 겁니다.

젊은 친구들한테 한말씀해주세요. 노인세대를 어떻게 이해할지……
봐주지 마세요. 노인들이 저 모양이라는 걸 잘 봐두어야 합니다. 여러분이 저렇게 되지 않기 위해서 똑똑히 보시고, 까딱하면 모두 저 꼴 되니 봐주면 안 됩니다.

요즘은 무슨 말만 하면 모조리 '종북'입니다. 박근혜에 반대해도 종북, 노동자 인권 주장해도 종북, 전교조 탄압 반대해도 종북……
난 정치권보다 언론기관이 그런 개념 조작을 통해서 사회에 영향을 미치고 대학교수같이 배운 이들까지 거기 앞장서는 걸 볼 때, 민중이 깨어서 조금 더 나은 민주주의가 되게 하려고 이런 혼란을 겪는 게 아닌가 싶어요. 마지막으로 우리를 좀더 깨우치려고, 이런 현상(종북몰이)이 나는 거 아닐까요. 나도 화가 나니까 오히려 이런 낙관론을 가

정답은 없다, 무수한 해답이 있을 뿐

지려고 해요.

박정희 시대를 온몸으로 겪으셨고 이제 다시 박근혜 대통령을 보고 계시잖아요. 박정희 리더십과 박근혜 리더십을 비교한다면 어떻습니까?

리더십이고 나발이고, 박정희는 리더십도 아녜요. 그냥 독재를 한 거지. 박근혜는 선거를 통해 뽑혔다고 하지만, 나는 특정 세력이 뭉쳐서 박근혜라는 '배후'를 만들어낸 거라고 봅니다. 박정희의 환상을 이용해먹으려고 아무것도 모르는 아이를 앞세워서 리더십이라고 조작을 한 거지, 난 박근혜가 실체는 아니라고 봐요.

선생은 단호했고 신랄했다. 선생은 한 번도 '오프 더 레코드'를 요청하지 않았지만, 난 그가 박근혜에 대해 언급한 대목은 쓰지 않는 게 좋겠다 생각했다. 그래도 현직 학교 이사장인데, 그에게 어떤 화가 미치진 않을까 우려스럽기도 했고, '박근혜는 실체가 아니다'란 말에 전격적으로 공감하기도 어려웠기 때문이다. 적어도 그때, 2013년 말에는 그랬다.

정약용 같은 사람은 죽기 훨씬 전에 자기 비문을 썼다는데, 만일 그런 식으로 선생의 비문을 스스로 쓴다면 뭐라고 하고 싶으세요?

우리 학교에 가면 휘호석에 '쓴맛이 사는 맛'이라고 쓰여 있어요. 원래 교명을 쓰려고 가져온 돌인데 한 귀퉁이가 깨져 있었어요. 깨진 돌에 교명 쓰는 게 안 좋은 것 같아서 무슨 다른 말 한마디를 새겨볼까 하다가 그 말이 생각났어요. 학생들한테 '이거 어떠냐?' 물었더니 반응이 괜찮더라고요. 비관론으로 오해하는 놈도 없고.

그 말이 비관론이 아닌가요?
아니, 적극적인 긍정론이죠. 쓴맛조차도 사는 맛인데…… 오히려 인생이 쓸 때 거기서 삶이 깊어지니까. 그게 다 사람 사는 맛 아닌가.

그럼 선생님 비문에 "쓴맛이 사는 맛이다" 이렇게 쓰시겠어요?
그렇게만 하면 나더러 위선자라고 할 테니 뒤에 덧붙여야죠. '그래도 단맛이 달더라' 하고. (웃음)

"쓴맛이 사는 맛이다…… 그래도 단맛이 달더라." (웃음) 뭐가 인생의 단맛이던가요?
사람들과 좋은 마음으로 같이 바라고 그런 마음이 서로 통할 때…… 그땐 참 달아요. (웃음)

채현국 선생의 인터뷰 기사는 2014년 1월 4일자로 나갔다. 인터뷰를 마치며 마지막 문장을 나는 이렇게 썼다.
"당분간은 쓴맛도 견딜 만할 것 같다. 선생과 함께한 시간이 내겐 '꿀맛'이었다."

정답은 없다. 무수한 해답이 있을 뿐

채현국 선생의 '쓴소리'를 '꿀맛'으로 받아들인 건 나만이 아니었다. 인터뷰가 나간 뒤 반향이 컸다. 인터뷰 기사로는 이례적으로 수천 건의 댓글이 폭주하고 SNS 공유 수가 7만 건을 넘어섰다. 채현국 선생의 어록이 각종 블로그나 페이스북에 떠돌 만큼 그가 던진 신선하고 유쾌한 충격은 파장이 깊었다. 일체 인터뷰를 사양하던 선생은 그후 여러 매체의 인터뷰에 응했고 그 말씀이 『풍운아 채현국』 『쓴맛이 사는 맛』 두 권의 책으로 나오기도 했다. "인터뷰 안 하신다더니 요즘엔 선생님 인터뷰가 폭포처럼 쏟아져요"라고 놀려먹듯 농을 건네면 "아이고, 이 선생 때문에 내가 몸을 버렸어요"라며 껄껄 웃으셨다.

채현국 선생과 알고 지낸 몇 년 동안 여러 번 가슴 철렁한 순간도 있었다. 어느 날엔 "이 선생, 한동안 내가 전화통화가 안 될 것 같아 미리 연락했어요. 모든 건 '현상'이에요. 소소한 일에 마음 얽매이지 말고 뜻하는 일 밀고 나가세요"라며 유언 같은 말씀을 던지셨다. 전립선암이라고 했다. 또 어느 날엔 평소와 다르게 착 가라앉은 거친 목소리로 "내가 먹지도 자지도 못해서 지금 제정신이 아니에요" 하셨다. 복막염 수술을 받고 상태가 위중하다고 했다.

다행히 선생은 다시 기운을 차리고 일어나셨다. 고령에, 병중이라 늘 조마조마했지만 선생은 언제 그랬느냐 싶게 어느 날은 제주 4·3 현장이라고, 어느 날은 동학 유적지라고 하면서 전화를 주셨다. 며칠씩 중국을 다녀오거나 일본에 다녀왔다고 하신 적도 있다. 그사이, 광야의 들불처럼 타오른 촛불민심으로 박근혜 권력이 전복되었고, 새 정부

가 들어서고 남북평화회담이 열렸다. 인터뷰집 출간을 준비하며 채
현국 선생을 다시 만났다. 처음 뵈었던 바로 그 자리, 조계사 찻집에
서 4년여 만에 다시 인터뷰어와 인터뷰이로 마주앉았다.

회의하고 저항하고 거부하라

**이 자리에서 선생님을 처음 뵌 게 엊그제 같은데 벌써 4년이 넘었네요. 그때
만 해도 저는 박근혜 권력이 언제 끝날까 싶었어요. (웃음)**

그거 착각하면 안 돼요. '꼬리 자르기' 아니고 '대가리 자르기'예요.
지배세력은 문제가 생길 때마다 대가리만 자르고 지들이 계속 해먹
는 길을 택하죠. 고종 망하고도 양반은 해먹었죠. 일제가 망하고도 친
일파가 해먹었어요. 이승만 망하고도, 박정희 죽고도 그놈들이 해먹
고, 박근혜 감옥 가고도 그놈들이 계속 해먹겠단 거예요. 꼬리 자르기
에 대해선 사람들이 뭐라고 하지만, 대가리 자르기는 눈치를 잘 못 채
요. 저놈들은 남의 손에 자기들 대가리가 잘린 것처럼 굴지만, 사실은
그놈들이 스스로 대가리를 쳐낸 거예요. 저희들이 계속 또 해먹으려
고…… 매번 반복되는 규칙 같은 거죠. 그 규칙을 지켜주는 게 언론을
가장한 광고 장사예요. 언론이란 이름으로 프로파간다를 하는 거죠.

지배그룹은 여전히 완강하지만, 그래도 이만큼 올 수 있었다는 게 다행스런

정답은 없다. 무수한 해답이 있을 뿐

일 아닙니까? 지난 촛불집회는 정말 감동적이었어요.

인간에게 쉽게 통하는 건 옳고 그름이 아녜요. 감정적인 것, 분노죠. '너희가 다 해먹어?' 하는. 나는 최순실이 이순신 다음가는 충신이라고 생각해요. 박정희 신화를 깼잖아요. (웃음)

그가 얼굴을 구기며 크게 웃었다. 얼굴이 부은 듯, 예전 같지 못한 안색이 걱정스러웠다.

요즘 건강은 좀 어떠세요?
안 좋아요. 잘 지쳐요.

암은 크게 자라지 않은 거죠?
오늘 내일도 그것 때문에 주사 맞아야 해요. 큰 문제는 없는데 잘 지치고, 먹는 거나 자는 거나 영 시원치 않아요. 뭐, 괜찮아요.

암 진단받고 여러 가지 생각이 드셨겠어요.
한 가지 발견한 게 있는데, '내가 죽음 앞에서 별로 비감해하지 않는구나'란 거예요. 살아서 제삿밥 먹다보니 병이 난 거지. (웃음) 죽는 게 무섭다거나 비감하단 생각은 별로 안 들더라고요. 비감, 불행감 같은 부정적인 감정이나 인간의 욕구라고 하는 건 대개 훈련되고 길들여진 결과일 뿐. 인간의 본성이 아니에요.

죽음에 대해서 가지는 공포나 좌절감이 본성적인 게 아니라고요?

아녜요. 인간에게는 자연스러운 감정이 있고 길들여진 감정이 있는데, 자연스러운 감정의 씨앗도 어떻게 길들여지고 훈련되느냐에 따라다르게 나타나는 거예요. 질투, 비관, 복수심 같은 부정적인 감정들은 대개 지배자들에 의한 훈련의 결과이지, 자연스러운 본성이 아니에요. 질투는 여성의 것이다? 권력을 가진 남성 간의 질투가 훨씬 강할걸요. 근데 질투는 여성의 것이라고 길들이죠. 자기들이 지배하기 위해서.

그럼 인간의 자연스러운 본성이란 건 없어요?

성선설이랑 성악설은 같은 거예요. 맹자는 성선설을 주장하고 순자는 성악설을 주장한다고 하는데, 그게 서로 다른 게 아니라고요. 가난하게 산 맹자는 주변에서 맨날 싸우고 아귀다툼하는 사람들 보면서 인간이 참 못됐구나 싶었겠지. 근데 공부를 하다보니 '어, 아니네? 교육받지 못해서 그런 거지. 원래 인간은 착하네' 한 거죠. 반면에 순자는 부잣집에서 귀하게 자랐어요. 주변에서 다 고분고분하게 잘 대해주니까 인간이 무척 선한 줄 알았어. 근데 나이 먹고 공부해보니 그게 아닌 거예요. '인간이 이렇게 악한 존재였구나' 한 거죠. 둘의 처지가 달라서 다르게 얘기한 것뿐이지, 결국 같은 얘기예요.

선하기도 하고 악하기도 하다?

정답은 없다, 무수한 해답이 있을 뿐

천사와 악마의 중간 꼬라지를 한 게 인간이라고 하지만, 사실 인간은
둘 다 가지고 있어요. 천사이기도 하고 악마이기도 하고…… 부처가
인생을 고해라고 했는데, 인생이 고해니까 부처가 된 거지, 고해가 아
니었으면 무슨 수로 부처가 되었겠느냐고요? 사람들은 고해만 얘기
하지, 그 덕에 부처가 될 수 있단 건 생각을 안 해요.

어떻게 하면 선생님처럼 그런 생각을 할 수 있습니까?
사람들은 '옳다, 그르다'를 따지는 게 생각인 줄 알아요. 그걸 생각이
라고 훈련시키니까. 생각은 그런 게 아네요. 생각은 저항하고 거부하
는 거예요. '그게 아닐 텐데……' 하면서 모든 진리에 대해 회의하는
것. 그게 진짜로 생각하는 거라고요. 인간은 생각하기 때문에 존재한
다고? 무슨 소리! 도무지 생각을 안 해요. 생각은 합리와 무지, 지성,
감성을 모두 포함하는 건데, 배웠다는 사람들이 도대체 생각이 없으
니, 참……

선생 앞에서 난 오늘도 '생각 없는 사람'이 되었다. 꾸지람을 들으면
서도 실실 웃음이 새어나왔다. 이렇게 오랫동안 채현국 선생 앞에서
꾸중을 들으며 무식한 질문을 멈추지 않는 못난 학동이고 싶다는 생
각…… 아니, 그걸 생각이라고 표현했다가 또 야단맞겠구나. 아무렴
어떨까. 이런 시간은 정말 달다.

© 신소영

효암학원 이사장. 거리의 철학자이자 교육사
업가. 기업가가 재물의 노예가 되거나 지식인
이 도그마에 발목 잡혀선 안 된다는 믿음을 평
생에 걸쳐 실천했다. 서울대 철학과를 졸업하
고 흥국탄광을 운영하며 전국 소득세 10위 안
에 드는 거부가 되었지만 재물을 나누는 데 거
리낌이 없어 유신 시절 민주화운동이나 문화
예술운동에 거액을 희사했다. 현재는 신용카
드 한 장 없는 신용불량자로 살지만, 팔순이 된
지금도 관행화된 타성과 무기력을 질타하며,
당연하게 여겨지는 상식에 반기를 드는 영원
한 청년이다.

에필로그를 대신하며

●

이태리의 전설적인 저널리스트이며 작가인 오리아나 팔라치는 수많은 세계적인 인물들의 허상과 가면을 살살이 드러낸 인터뷰 기사로 유명하다. 그녀는 인터뷰이의 내면으로 들어가 상대방의 인생 속을 헤엄쳐야 한다고 말했다. 오리아나는 자신의 뚜렷한 정치적 신념이 있었으므로 동지보다는 적을 더 많이 인터뷰했고 세계는 그런 자들의 수중에 쥐어져 있었기 때문이었다. 따라서 기사 내용은 종종 시니컬하고 공격적이었다. 그에 비하면 이진순의 글은 '열린 인터뷰'라는 제목처럼 이미 인터뷰이의 선택에서부터 우의와 연대를 전제하고 있다. 나는 그녀가 이 작업을 시작한 초창기부터 기사를 읽으면서 나도 언젠가 선택되기를 은근히 바라고 있었다. 내 차례가 와서 장시간의 질문과 추궁을 당했고 미심쩍은 사항들은 다시 두번째 보충 인터뷰로 점검당하고 나서 세상에 알려진 작가로서의 '나'라는 객관성이 무엇인가를 배웠다. 그리고 까맣게 잊고 있었던 내 숨겨진 과오들이 드러나는 고통과 자책도 느낄 수 있었다. 사흘에 지나지 않았으나 이진순은 어느 결에 황석영의 내면에 틈입했다가 나간 것이었다. ___ **황석영**(소설가)

●

2017년 이진순이 처음 나를 찾았을 때 나는 병원 옥상 헬기장에 올라 사고

316

현장에서 환자를 싣고 돌아오는 항공팀을 맞이하고 있었다. 이진순은 헬기가 쏟아내는 강한 하향풍을 피하지 않고 정면으로 맞았다. 피에 젖은 환자가 헬기에서 실려나와 트라우마 베이로 실려가는 것을 보던 이진순은 그후에도 밤을 지새며 현장을 지켜보고 글을 써내려갔다. 이진순은 자신의 짧은 글로는 삶과 죽음에 대한 표현이 정밀하게 나아가질 못한다고 답답해했지만, 나는 이진순이 써내려간 글 행간의 날카로운 단면에서 진정성 있는 그녀의 목소리를 느꼈다. 나는 진실로 이진순이 진정성을 가지고 보낸 많은 시간들에 대해 감사한다. 그리고 이제 그 글이, 사람들의 피와 땀으로 절여가며 쓰고 싶어하던 글이, 책이라는 물성을 지닌 채 세상에 남겨지게 되었다.

나는 이진순의 원고를 들고 의자에 파묻히고는 했다. 이진순의 시간과 고뇌가 인물들에 투영되어 일부는 날카롭게, 일부는 깊게 그리고 일부는 새털구름처럼 허무하게 세상 속으로 날아갔다. 이진순이 더이상 사람에 대한 글을 연재하지 않기로 결정한 이후, 만년필로 재생용지에 꾹꾹 눌러서 쓴 것만 같은 이 원고는, 내용과 무관하게 내 마음에 자리잡았고, 내 책상에서 치워지지 않았다. ____ **이국종** (아주대병원 경기남부권역중증외상센터장)

∙
∙

인터뷰어는 인터뷰이를 무장해제해 내면의 소소한 말들을 밖으로 끄집어내는 데서 끝나는 게 아니라 명확하고 구체적인 언어로 정리해내는 것이 핵심일 것이다. 나의 평범한 답변에 의미와 윤기를 넣어 아름답게 채색해준 이진순의 인터뷰는 역시 명불허전이었다. ____ **임순례** (영화감독)

●
●

인터뷰이로서 이진순의 인터뷰에 응했고 독자로서 이진순의 인터뷰를 읽었다. 그리고 스크랩해서 붙여두었다. '발견당한' 기분을 오래도록 음미하고 싶었다. ___**손아람**(소설가)

●
●

"한겨레 인터뷰 봤어. 참 좋더라." 혜정이와 함께 가을의 바닷가에서 석양을 보고 있었을 때, 친구에게 메시지가 왔다. '아! '열림'이 나왔구나.' 한달음에 기사를 찾아보았다. 긴 글 안에서 나와 혜정이가 웃고 있었다. 어쩜, 이렇게 내 얘기를 나보다 더 잘하는 사람이 있을까.
〈어른이 되면〉이 우리 자매와 이진순 선생님을 연결해주었다면, '열림'은 또 다시 우리의 이야기가 수많은 사람들의 마음으로 건너가는 다리가 되어주었다. 참으로 감사하다. ___**장혜영** (다큐멘터리 〈어른이 되면〉 감독)

●
●

인터뷰를 하고 2년이 지났다. 첫 인터뷰였다. 신문에 나가는 게 옳을까 걱정이 많았다. 아빠 이야기를 들으며 아이들은 많이 편해졌다. 잘했다는 생각이 든다. 아이들도 나도 바쁘게 하루하루 살았다. 멈춰서 슬퍼할 겨를은 없었지만, 웃을 일은 많았다. ___**김혜연**(고 김관홍 잠수사의 아내)

타인의 인생에 대해 호기심이 많은 구술생애사 작가로서, '이진순의 열림'을 챙겨 읽는 맛이 각별했다. 주인공들의 생애와 실천의 맥락을 따라가는 글을 통해 한 사람씩 한 세상씩을 거듭 만나며, 내 삶을 돌아보고 다짐할 수 있었다. 이제 마감 압박에서 탈출하심을 축하드린다. ___**최현숙**(작가)

인터뷰 이후 2년이 지났다. 당시 성소수자부모모임 인원은 10명 남짓이었지만 지금은 70여 명에 이른다. 성소수자의 입장을 진정으로 전하려는 첫 시도였다. 성소수자부모모임에 대한 정보를 많은 분들에게 알리는 계기가 된 인터뷰였다. 성소수자의 부모가 숨어 있지 않다는 사실은 많은 분들에게 용기가 되었다. 모든 성소수자와 그 부모들께 감사드린다. ___**이은재**(뽀미·성소수자부모모임 활동가)

원고를 다시 읽어보니 이진순의 글이 나한테는 황송할 정도로 좋다는 것을 다시 한번 깨닫게 됐다. 진솔한 글이 나를 살렸다. 나의 이야기가 많은 여성들에게 힘을 주면 참 좋겠다. ___**윤석남**(화가)

당신이 반짝이던 순간
진심이 열리는 열두 번의 만남
©이진순 2018

1판 1쇄 2018년 8월 06일
1판 10쇄 2020년 9월 18일

지은이 | 이진순 펴낸이 | 염현숙
기획 | 김소영 책임편집 | 황은주 편집 | 이경록 박영신 김소영
모니터링 | 이희연 본문 사진 자료제공 | 한겨레 강재훈
디자인 | 최윤미 마케팅 | 정민호 이숙재 양서연 박지영
홍보 | 김희숙 김상만 지문희 김현지 제작 | 강신은 김동욱 임현식
제작처 | 한영문화사

펴낸곳 (주)문학동네
출판등록 1993년 10월 22일 제406-2003-000045호
주소 10881 경기도 파주시 회동길 210
전자우편 editor@munhak.com | 대표전화 031) 955-8888 | 팩스 031) 955-8855
문의전화 031) 955-3578(마케팅) 031) 955-3561(편집)
문학동네카페 http://cafe.naver.com/mhdn 트위터 @munhakdongne
북클럽문학동네 http://bookclubmunhak.com
ISBN 978-89-546-5261-2 03300

www.munhak.com